En Pant På Det Vi Håper

Dr. Jaerock Lee

*"Troen er nå en pant på det vi håper,
et bevis for det vi ikke ser. For sin tro fikk de gamle godt vitnesbyrd.
I Tro forstår vi at verden er skapt ved Guds ord,
og at det vi ser, har sitt opphav i det usynlige."*
(Hebreerne 11:1, 6)

En Pant På Det Vi Håper av Dr. Jaerock Lee
Utgitt av Urim Bøkene (Representant: Sungnam Vin)
73, Yeouidaebang-ro 22-gil, Dongjak-gu, Seoul, Korea
www.urimbooks.com

Alle rettigheter forbeholdt. Denne boken og deler av den kan ikke bli kopiert i noen som helst form, oppbevart i et oppbevaringssystem, eller overført i noen som helst form eller på noen som helst måte, elektronisk, mekanisk, fotokopi, innspilt eller på noen annen måte uten skriftlig tillatelse fra forlaget.

Copyright © 2020 av Dr. Jaerock Lee
ISBN: 979-11-263-0544-5 03230
Oversettelses Copyright © 2010 av Dr. Esther K. Chung. Brukt ved tillatelse.

Tidligere utgitt i Korea i 1990 av Urim Bøkene i Seoul, Korea.

Først Utgitt i februar 2020

Redigert av Dr. Geumsun Vin
Planlagt av Urim Bøkenes Redigerings Byrå
Utskrevet av Prione Trykkeri
For mer informasjon, henvend deg til: urimbook@hotmail.com

Forord

Over alt annet vil jeg gi all takknemlighet og ære til Gud Faderen som har fått oss til å utgi denne boken.

Gud som er Kjærligheten, sendte Hans eneste Sønn, Jesus Kristus, som det sonende offeret for menneskene som hadde blitt dømt til døden på grunn av synden deres siden Adams ulydighet, og banet veien for oss til frelse. Ved å tro på dette fakta, vil alle de som åpner deres hjerte og aksepterer Jesus Kristus som deres Frelser bli tilgitt deres synder, og motta den Hellige Ånd i gave og vil bli anerkjent av Ham som Guds barn. Det vil si at han som Guds barn, kan motta svar på alt det han spør om med troen. Resultatet som vil være det overflodige livet uten noe utilstrekkelighet, og han vil ha muligheten til å triumferende seire over verden.

Bibelen forteller oss at troens fedre trodde på Guds makt om å skape noe ut av ingenting. De begynte å erfare Guds utrolige arbeide. Vår Gud var den samme i går, i dag og i morgen, og med

Hans allmektige makt fullfører Han de samme arbeidene for de som tror og bruker Guds ord som de som har blitt skrevet ned i Bibelen.

I min prestetjeneste i løpet av de siste tiårene, har jeg vært vitne til mangfoldige Manmin medlemmer som har mottat svar og løsninger på forskjellige problemer som de engang led i livene deres ved å tro og adlyde det sanne ordet og de kunne gi Gud mye ære. Når de trodde på Guds ord og sa, *"Himmelens kongerike lider av uroligheter, og brutale mennesker tar det med makt"* (Matteus 11:12), og de har strevet og bedt og brukt Guds ord for å kunne få en større tro, da virket de mye mere kostbare og vakrere til meg enn noe annet.

Dette arbeidet er for de som ivrig ønsker å leve seirende liv ved å ha en sann tro for å ære Gud, spre Guds kjærlighet og dele Herrens evangeliet. For de siste to tiårene har jeg forkynt veldig mange budskaper med tittelen "Tro" og når en har valgt blandt dem og redigert dem på en systematisk måte, var det mulig å trykke denne boken. Jeg har håp om dette arbeidet, *Troskap: En Pant På Det Vi Håper* for å spille rollen til et lyshus som fungerer som en veileder for den sanne troen for mangfoldige sjeler.

Vinden blåser akkurat hvor den vil og den er usynlig for oss. Men når vi ser løvene på trærne blåse i vinden, da kan vi merke realiteten med vinden. På samme måte lever Gud virkelig, selv om du ikke egentlig kan se Ham med dine øyne. Det er på grunn av din tro på Ham, samme hvor mye du vil, at du kan se Ham, høre Ham, føle Hans nærvær og erfare Ham.

Jaerock Lee

Innehold

En Pant På Det Vi Håper

Forord

1. Kapittel
Kjødelig Tro og Åndelig Tro 1

2. Kapittel
Det Kjødelige Sinnet Er Fiendtlig mot Gud 13

3. Kapittel
Ødelegg Alle Slags Tanker og Teorier 29

4. Kapittel
Så Troens Frø   43

5. Kapittel
"'Hvis Du kan?' Alt Er Mulig!"   57

6. Kapittel
Daniel Stolte bare på Gud   71

7. Kapittel
Gud Ordner med Ting på Forhånd   85

1. Kapittel

Kjødelig Tro og Åndelig Tro

Troen er nå en pant på det vi håper,
et bevis for det vi ikke ser.
For sin tro fikk de gamle godt vitnesbyrd.
I Tro forstår vi at verden er skapt ved Guds ord,
og at det vi ser, har sitt opphav i det usynlige.

Hebreerne 11:1-3

En prest er veldig lykkelig når han ser at hans flokk har en virkelig tro og lovpriser Gud med en sann tro. På den ene siden, når noen av dem er vitne til den levende Gud og er vitne til livene deres i Kristus, da kan presten juble og bli mye mere ivrig med hans oppdrag som han har fått ifra Gud. På den annen side, når noen andre mislykkes med å forbedre troen deres og faller inn i prøvelser og lidelser, da vil presten føle smerten og hans hjerte vil bli såret.

Uten noen tro, er det ikke bare mulig for deg å tilfredstille Gud og motta Hans svar på dine bønner, men det ville også være veldig vanskelig for deg å håpe på himmelen og å lede et riktig liv i troen.

Den Troskap er det viktigste grunnlaget i et kristelig liv. Det er en snarvei til frelse og i all vesentlighet en nødvendighet for å kunne motta svar ifra Gud. På vår tid, siden folk ikke har noen som helst ide om den rette definisjonen av troskap, vil mange mennesker mislykkes i å få en sann tro. De mislykkes med å få en pant på det vi håper på. De mislykkes i å spasere i lyset og mislykkes med å motta Guds svar selv om de erkjenner deres tro på Gud.

Troskapen er delt inn i to kategorier: Kjødelig tro og åndelig tro. Det første kapittelet vil forklare deg om hva den sanne troen er og hvordan du kan motta svar ifra Gud og bli ført mot veien til det evige livet gjennom den sanne troen.

1. Kjødelig Tro

Når du tror på hva som blir sett med dine øyne og tingene som en kan akseptere med sin kunnskap og tanker, er din tro den typen som er kalt "kjødelig tro." Med denne kjødelige troen kan du bare tro på de tingene som er laget av de tingene som er synlige. Du vil for eksempel tro med dette at en pult er laget av tre.

Kjødelig tro er også kaldt "kunnskapens tro." Med denne kjødelige troen, tror du bare på det som er i enighet med den kunnskapen som er oppbevart i hjernen din og dine tanker. Du vil kanskje tro uten noen tvil at en pult er laget av tre fordi du har sett eller hørt at en pult er laget av tre og har så en forståelse med det.

Mennesker har et hukommelses system i hjernen. De setter mange kunnskaps ting inn i den fra fødselen av. De oppbevarer i hjernecellene den kunnskapen som de har sett, hørt, fått gjennom deres foreldre, brødre og søstre, venner, og naboer og blitt undervist på skolen, og bruker den oppbevarte kunnskapen akkurat som en vil.

Ikke all delene av kunnskapen som er oppbevart i hjernen deres tilhører sannheten. Guds ord er sannheten fordi det varer i all evighet, mens kunnskapen fra verden kan veldig lett forandre seg og er en blanding av sannhet og løgn. Siden de ikke har den fullstendige forståelsen med sannheten, vil menneskene her i verden ikke innse at løgnene blir misbrukt som om de var sanne. De tror for eksempel at evolusjonsteorien er riktig fordi de har bare lært om evolusjonsteorien i skolen uten å kjenne noe til Guds ord.

De som bare har blitt lært om det fakta at ting er laget av noe som allerede eksisterer, kan ikke tro at noe er laget av ingenting.

Hvis et menneske som har en kjødelig tro blir tvunget til å tro at noe er laget av ingenting, vil hans kunnskap som han har hatt siden fødselen forhindre ham i å tro på det, og hans tvil vil ledsage ham og han vil mislykkes i å tro på det.

I Johannes tredje kapittel, kom en av jødenes herskere med navnet Nikodemus til Jesus og delte åndelige samtaler med Ham. Under denne samtalen utfordret Jesus ham os sa, *"Hvis jeg forteller deg jordlige ting og du ikke tror, hvordan vil du så tro på de himmelske tingene?"* (v. 12)

Når du begynner ditt kristne liv, vil du oppbevare kunnskapen av Guds ord like mye som du hører det. Men du kan ikke fullstendig tro på det ifra begynnelsen, og din tro kan bli sett på som kjødelig. Med denne kjødelige troen, vil du begynne å tvile og du vil mislykkes i å leve etter Guds ord, kommunikere med Gud, og å motta Hans kjærlighet. Det er derfor den kjødelig troen også kan bli kaldt "en tro uten handling," eller "død tro."

Du kan ikke bli frelst med en kjødelig tro. Jesus sa til Matteus

7:21, *"Ikke alle som sier til Meg, 'Herre, Herre,' vil komme inn til himmelen, men han som følger min Fars vilje, Han som er i himmelen, vil komme inn"* og i Matteus 3:12, *"Han har kasteskovlen i hånden og skal rense kornet på treskeplassen. Hveten sin skal han samle i låven, men agnene skal han brenne opp med en ild som aldri slukner."* Hvis du kort sagt ikke lever etter Guds ord og din tro vil bli en tro uten handlinger, da kan du ikke komme inn i himmelens rike.

2. Åndelig Tro

Når du tror på ting som ikke kan bli sett og ting som ikke stemmer overens med menneskelige tanker og kunnskap, da kan det bli sett på som om du har en åndelig tro. Med denne åndelige troen kan du tro at en kan lage noe ut av ingenting.

Ifølge åndelig tro, definerer Hebreerne 11:1 det som følgende: *"Troen er nå en pant på det vi håper, et bevis for det vi ikke ser."* Når du med andre ord ser på ting med åndelige øyne, vil tingene bli til realitet for deg og når du ser med de troende øynene det som ikke kan sees, vil overbevisningen om det som du kan tro på bli avslørt. I den åndelige troen vil det som ikke kan bli gjort mellom den kjødelige troen, som er troen som er kjent som "kunnskapens tro," bli gjort mulig og avslørt som en realitet.

Når for eksempel Moses så tingene med de troende øynene, ble Røde havet delt i to og isralittene krysset den på tørr bakke

(2. Mosebok 14:21-22). Og når Josva, Moses etterkommer, og hans folk så på byen Jeriko og marsjerte rundt byen i 7 dager og så ropte mot byveggen, da falt veggen ned (Josva 6:12-20). Abraham, troens far, kunne adlyde Guds befaling og offre hans eneste sønn, Isak, som var opprinnelsen av Guds løfte fordi han trodde på at Gud kunne vekke de døde (Første Mosebok 22:3-12). Dette er en av grunnene til at åndelig tro er kaldt "troskap forbundet med handling," og "levende tro."

Hebreerne 11:3 sier, *"I Tro forstår vi at verden er skapt ved Guds ord, og at det vi ser, har sitt opphav i det usynlige."* Himmelen og jorden og alle tingene inne i dem inkludert solen, månen, stjernene, trærne, fuglene, fisken, og beistene, ble alle skapt av Guds ord og Han formerte menneskene ifra grunnen. Alle disse kom ifra ingenting, og vi kan bare tro og forstå dette fakta med en åndelig tro.

Ikke alt ble sett med våre øyne eller var virkelig synlig, men med Guds makt, det vil si, gjennom Hans ord, ble alt skapt. Det er derfor vi tilstår at Gud er allmektig og alt-vitende, og at vi fra Ham kan motta alt det vi har spurt om i troen. Dette er på grunn av at den allmektige Gud er vår Far og vi er Hans barn, slik at alt kan bli gjort for oss slik vi har trodd.

For å kunne motta svar og erfare mirakler gjennom troen, må du omgjøre din kjødelige tro til en tro som er åndelig. Først og fremst må du forstå at kunnskapen som har vært oppbevart i hjernen din siden du ble født og den kjødelige troen som har blitt formert basert på denne kunnskapen vil avverge deg fra å få åndelig tro. Du må ødelegge kunnskapen som bringer tvilen, og fjerne kunnskapen som har blitt oppbevart galt i din hjerne. Like mye som du hører på og forstår Guds ord, er åndens kunnskap oppbevart mer og mer inne i deg og til den grad hvor du ser tegn og under som blir avslørt av Guds makt og erfarer bevisene på at den levende Gud har åpenbart seg gjennom mange troendes vitnemål, og tvil vil forsvinne og din åndelige tro vil vokse.

Like fort som din åndelig tro vokser, kan du leve etter Guds ord, kommunikere med Ham, og motta svar ifra Ham. Når du har fullstendig kastet vekk din usikkerhet, da kan du stå på troens klippe og anse at du har en sterk tro hvor du kan lede et seirende liv i alle slags prøvelser og tester.

Med en slik solid tro, advarer Jakob 1:6 oss, *"Men han må spørre med troen uten noen som helst tvil, for den som tviler er akkurat som bølgene i havet, drevet og kastet bort av vinden,"* og Jakob 2:14 spør oss, *"Hva betydning har det mine brødre, hvis noen sier at han tror, men når han ikke har gjort noe arbeide? Kan denne troen redde ham?"*

Jeg anbefaler deg derfor å huske på at bare når du kaster vekk all tvilen, står på troens klippe og viser troens gjerninger, kan det bli ansett at du har en åndelig og sann tro hvor du kan bli frelst.

3. En Sann Tro og Evig Liv

Sammenligningen av ti jomfruer som det ble skrevet om i kapittel 25 i Matteus lærer oss mye. Sammenligningen sier at ti jomfruer tok lampene deres og dro for å møte brudegommen. Fem av dem var kloke og tok flasker med olje for lampene deres og var vellykket med å få brudegommen, men siden de fem andre var dumme og ikke tok med seg noen olje til lampene deres, kunne de ikke møte brudegommen. Denne sammenligningen forklarer oss at blandt de troende som har ledet trofaste og troverdige liv og som forbereder seg på Herrens tilbakekomst med en åndelig tro, vil bli frelst, mens andre som ikke riktig forbereder seg ikke kan bli frelst på grunn av at troen deres er en død tro som ikke er forbundet med handlinger.

Gjennom Matteus 7:22-23, gjør Jesus oss oppmerksomme på at selv om mange har profetert, kastet vekk demonene og utgitt mirakler i Hans navn, kan de ikke alle bli frelst. Det er på grunn av at de ender opp med å bli klinten som ikke ennå har holdt Guds vilje, men istedenfor praksisert ulovligheter og vært syndige.

Hvordan kan vi skille mellom hveten og klinten?
Den Kompakte Oxford Engelske Ordboken refererer til 'klinten' som det ytre skallet av kornet som er separert ved rensing eller pisking.' Klinten symboliserer åndelig de troende som virker som om de lever etter Guds ord, men som gjør onde

ting uten å forandre deres hjerte med sannheten. De går i kirken hver eneste søndag, gir deres tiendedel, ber til Gud, tar vare på svake mennesker og tjener i kirken. Men alle disse tingene blir ikke gjort for Gud, men for å vise seg for andre mennesker rundt dem. Det er derfor de blir kategorisert som klinten og ikke kan motta frelse.

Hveten refererer til de troende som har blitt åndelige mennesker ved Guds sanne ord og har troen som ikke kan bli forandret på noen som helst måte og som verken vil vende seg til venstre eller høyre. De gjør alt gjennom troen: De faster med troen og ber til Gud gjennom troen, slik at de kan motta svar ifra Gud. De handler ikke ifølge makten som har blitt anvendt av andre, men gjør alt med lykke og takknemlighet. Siden de følger stemmen til den Hellige Ånd for å tilfredstille Gud og handler i troen, vil deres sjel blomstre, og alt vil gå godt med dem og de vil holde seg friske.

Nå anbefaler jeg deg å undersøke deg selv om du har tilbedt Gud i sannheten og ånden eller døset av og hadde sløve tanker og dømte Guds ord under gudstjenestene. Du må også kikke tilbake om du har gitt offringene lykkelig eller bare sådd sparsomt eller uvillig på grunn av andres øyne. Jo sterkere din åndelig tro vokser, jo flere gjerninger vil du få. Og like mye som du praksiserer Guds ord, vil du få en levende tro, og du vil holde deg i Guds kjærlighet og velsignelse, spasere med Ham, og bli sukksessful i alt. Du vil få alle velsignelsene som har blitt nedskrevet i Bibelen fordi Gud holder på Hans løfter akkurat som det har blitt skrevet i 4. Mosebok 23:19, *"Gud er ikke en mann som lyver, eller en menneskesønn som trenger å angre; Gjør Han ikke det Han sier? Holder Han ikke det Han har lovet?"*

Men hvis du har vært med på gudstjenestene og bedt regelmessig og tjent kirken iherdig, men ikke har lykkes med å motta det ønskede hjertet, da må du forstå at det er noe galt med deg.

Hvis du har en sann tro, da må du følge og leve med Guds ord. Istedenfor å insistere på dine egne tanker og kunnskap, burde du anerkjenne at det er bare Guds ord som er sannheten og tar mot til seg med å ødelegge alt det som går imot Guds ord. Du må kaste vekk all form for ondskap ved å flittig høre på Guds ord og fullføre frelse gjennom uendelige bønner.

Det er ikke sant at du kan bli frelst gjennom å simpelthen være med på gudstjenestene og gjennom å høre Guds ord og oppbevare det som kunnskap. Hvis du ikke praksiserer det, er det en død tro uten gjerninger. Bare når du har en sann tro og åndelig tro og holder deg etter Guds vilje, kan du komme inn i himmelens kongerike og nyte det evige livet.

Jeg håper du innser at Gud gjerne vil at du skal ha en åndelig tro som er forbundet med handlinger, og nyte det evige livet og gleden med å være Guds barn med en sann tro!

2. Kapittel

Det Kjødelige Sinnet Er Fiendtlig mot Gud

"De som lever slik kjøttet vil,
er bare opptatt av det som hører mennesker til.
Men de som lever etter Ånden,
er opptatt av det som hører Ånden til.
For det som kjøttet vil, er død, men det Ånden vil, er liv og fred.
Derfor er det som kjøttet vil, fiendskap mot Gud,
for det bøyer seg ikke under Guds lov
og kan heller ikke gjøre det. De som kjøttet
og blodet har makten over,
kan ikke være til glede for Gud."

Romerne 8:5-8

Det er i dag veldig mange mennesker som går i kirken og som erkjenner om troen deres på Jesus Kristus. Dette er gode og lykkelig nyheter for oss. Men vår Herre Jesus sa i Matteus 7:21, *"Ikke alle som sier til Meg, 'Herre, Herre,' vil komme inn til himmelen, men han som følger min Fars vilje, Han som er i himmelen, vil komme inn."* Og Han tilføyde i Matteus 7:22-23, *"Mange skal si til Meg på den dagen: 'Herre, Herre! Har vi ikke profetert ved ditt navn, drevet ut onde ånder ved ditt navn og gjort mange mektige gjerninger ved ditt navn?' Da skal jeg si dem rett ut: 'Jeg har aldri kjent dere. Bort fra Meg dere som gjør urett!'"*

Og Jakob 2:26 forteller oss, *"For akkurat som kroppen uten ånden er død, så er også troen uten miraklene død."* Det er derfor du må gjøre din tro fullstendig gjennom de lydige gjerningene slik at du kan bli anerkjent som Guds sanne barn som mottar alt det du har spurt om.

Etter at vi har akseptert Jesus Kristus som vår Frelser, kan vi begynne å glede oss og tjene Guds lov med vårt sinn. Men hvis vi mislykkes i å holde på Guds budskaper, da vil vi tjene syndens lov med vårt kjøtt og vi vil mislykkes i å tilfredstille Ham. Dette er på grunn av at vi blir satt inn i en fiendtlig stilling mot Gud gjennom kjødelige tanker og kan ikke bli utsatt for Guds lov.

Men hvis vi kaster vekk de kjødelige tankene og følger de åndelige tankene, da kan vi bli ledet av Guds Ånd, beholde Hans budskaper og tilfredstille Ham akkurat på den samme måten som Jesus hadde fullført loven med kjærlighet. Det er derfor vi vil få Guds løfte om at, "Alle ting er mulig for ham som tror."

La oss nå undersøke om hva forskjellen mellom kjødelige og åndelige tanker er. La oss se hvorfor de kjødelige tankene er fiendtlige imot Gud, og hvordan vi kan unngå kjødelige tanker og spasere ifølge Ånden slik at vi kan tilfredstille Gud.

1. Et Kjødelig Menneske Tenker på Deres Kjødelige Ønsker, mens et Åndelig Menneske Vil ha Ønsker Vedrørende Ånden

1) Kjøttet og de Kjødelige Ønskene.

I Bibelen finner vi slike terminologier som 'kjøttet,' 'de kjødelige tingene,' 'de kjødelige ønskene,' og 'de kjødelige miraklene.' Disse ordene har lik mening, og alle forderves og forsvinner etter at vi forlater denne verdenen.

De Kjødelige Gjerningene/miraklene har blitt skrevet ned i Galaterne 5:19-21: *"Det er klart hva som kommer fra vårt kjøtt og blod: hor, umoral, utskeielser, avgudsdyrkelse, trolldom, firndskap, strid sjalusi, sinne, selvhevdelse, stridigheter, splittelser, misunnelse, fyll, festing og merav samme slag. Jeg har sagt det før, og jeg sier det igjen: De som driver med slikt, skal ikke arve Guds rike."*

I Romerne 13:12-14, advarer apostelen Paulus oss om de

kjødelige ønskene, og sa, *"Natten er nesten borte, og dagen er like rundt hjørnet. La oss derfor legge til side de mørke gjerningene og ta på oss lysets rustning. La oss oppføre oss riktig akkurat som vi gjør på dagen, og ikke springe rundt omkring fulle, og ikke løsaktige og begjærlige, og ikke med strid og sjalusi. Men ta imot Herren Jesus Kristus, og lag ikke noen provisjon for kjøttet med hensyn til dens begjær."*

Vi har et sinn og vi har tanker. Når vi har syndige ønsker og usannheter i sinnet vårt, vil disse syndige ønskene og usannhetene bli kalt "de kjødelige ønskene," og når disse syndige ønskene blir avslørt som handlinger, da vil de bli kalt "de kjødelige gjerningene." De kjødelige ønskene og gjerningene står imot sannheten, slik at ingen som gir etter for dem kan arve Guds kongerike.

Gud advarer oss derfor i 1. Korinterne 6:9-10, *"Eller vet dere ikke at den urettferdige ikke vil arve Guds kongerike? La dere ikke føre vill! Verken de som driver hor, de som dyrker avguder, eller de som bryter ekteskapet, verken menn som ligger med menn, eller som lar seg ligge med, verken tyver grådige, drukkenbolter, spottere eller ransmenn skal arve Guds rike,"* og også i 1. Korinterne 3:16-17, *"Vet dere ikke at dere er Guds tempel, og at Guds Ånd bor i dere? Dersom noen ødelegger Guds tempel, skal Gud ødelegge ham. For Guds tempel er hellig og dette tempelet er dere."*

Akkurat som det ble sagt i sitatet ovenfor, må du innse at den urettferdige som begår synder og ondskaper i handlinger kan ikke arve Guds kongerike – de som praksiserer de kjødelige gjerningene kan ikke bli frelst. Hold dere våkne slik at dere ikke vil falle inn i fristelse av forkynnerne som sier at de kan bli frelst bare ved å gå i kirken. I Herrens navn vil jeg bønnfalle at du ikke faller inn i fristelse ved å forsiktig undersøke Guds ord.

2) Ånden og Begjærenes Ånd.

En mann inneholder ånd, sjel og kropp; vår kropp vil dø. Kroppen inneholder bare vår ånd og sjel. Ånden og sjelen er udødelige enheter som tar seg av funksjonen av vårt sinn og skjenker oss livet.

Ånden kan bli klassifisert i to kategorier: Ånden som tilhører Gud og ånden som ikke tilhører Gud. Det er derfor 1. Johannes 4:1 sier, *"Kjære, tro ikke på hver eneste ånd, men test ånden og se om den kommer ifra Gud, fordi det er mange falske profeter som har gått ut i verden."*

Guds Ånd hjelper oss å tilstå at Jesus Kristus har selv kommet, og fører oss til å kjenne tingene som Gud har gitt oss fritt (1. Johannes 4:2; 1. Korinterne 2:12).

Jesus sa i Johannes 3:6, *"Den som er født ifra kjøttet er kjødelig, og den som er født ifra Ånden er åndelig."* Hvis vi aksepterer Jesus Kristus og mottar den Hellige Ånd, da vil den Hellige Ånd komme inn til våre hjerter, styrke oss til å forstå Guds ord, hjelpe oss med å leve ifølge sannhetens ord, og lede oss til å bli åndelige mennesker. Når den Hellige Ånden kommer inn til vårt hjerte, da vil Han gjøre vår døde ånd levende igjen, så det blir derfor sagt at vi blir født igjen av Ånden og blir frelst gjennom hjertets omskjæring.

Vår Herre Jesus sa i Johannes 4:24, *"Den som er født ifra kjøttet er kjødelig, og den som er født ifra ånden er åndelig."* Ånden tilhører den 4 dimensjonelle verdenen og Gud som er ånden ser ikke bare hjertene til hver og en av oss, men vet også alt om oss.

I Johannes 6:63 hvor han sier at *"Det er Ånden som gir livet; det kjødelige mottar ingenting; ordet som Jeg har sagt til dere er ånden og livet."* Slik forklarer Jesus oss at den Hellige Ånden gir oss livet og at Guds ord er ånden.

Og Johannes 14:16-17 sier, *"Jeg vil spørre Faderen, og Han vil gi deg en annen Tjener, som skal være hos deg i all evighet; dette er den sanne Ånden, som verden ikke kan motta, fordi den kan ikke se Ham eller kjenne Ham, men du kjenner Ham fordi Han oppholder seg hos deg og følger med deg."* Hvis vi mottar den Hellige Ånd og blir Guds barn, da vil den Hellige Ånd føre oss til sannheten.

Den Hellige Ånd oppholder seg inne i oss etter at vi har akseptert Herren, og føder ånden i oss. Han leder oss til sannheten og hjelper oss å innse alle urettferdighetene, og vil angre på og vende seg vekk ifra dem. Hvis vi spaserer imot sannheten, da vil den Hellige Ånd grynte, la oss føle oss mislykket, oppmuntre oss til å innse våre synder og fullføre frelse.

I tillegg er den Hellige Ånd kaldt Guds Ånd (1. Korinterne 12:3) og Herrens Ånd (Apostlenes gjerninger 5:9; 8:39). Guds Ånd er den evige Sannheten og den livsgitte Ånden og leder oss til det evige livet.

Men på den annen side, vil ånden som ikke tilhører Gud, men som går imot Guds Ånd ikke tilstå at Jesus selv kom hit til verden, og blir kalt 'verdens ånd' (1. Korinterne 2:12), 'ånden til den antikristne' (1. Johannes 4:3), 'bedragerske ånder' (1. Timoteus 4:1), og 'urene ånder' (Johannes' åpenbaring 16:13). Alle disse åndene kommer ifra djevelen. De kommer ikke fra den sannferdige Ånden. Disse sanne åndene gir ikke liv, men vil istedenfor drive mennesker mot ødeleggelse.

Den Hellige Ånd refererer til den perfekte Ånden til Gud, og når vi derfor aksepterer Jesus Kristus og blir Guds barn, vil vi motta den Hellige Ånden, og den Hellige Ånd vil føde ånden og rettferdigheten i oss, og vil styrke oss til å bære frukten av den Hellige Ånd, rettferdigheten og Lyset. Når vi ligner Gud gjennom Hans arbeider fra den Hellige Ånd, da vil vi bli ledet av Ham, bli kalt Guds sønner, og kalle Gud "Abba! Fader!" fordi vi mottar en adopterende ånd som Hans sønner (Romerne 8:12-15).

Så like mye som vi blir ledet av den Hellige Ånd, vil vi bære de ni fruktene til den Hellige Ånd som er kjærlighet, lykke, fred, tålmodighet, vennlighet, godhet, trofasthet, mildhet, og selvkontroll (Galaterne 5:22-23). Vi bærer også den rettferdige frukten, og Lysets frukt som inneholder all godheten og rettferdigheten og sannheten, og som vi kan nå en full frelse med.

2. Kjødelige Tanker Fører til Døden, men Åndelige Tanker Fører til Livet og Freden

Hvis du følger kjøttet, vil du begynne å sette ditt sinn på de kjødelige tingene. Du vil leve ifølge kjøttet, og begå synder. Og ifølge Guds ord som sier at "Syndenes lønn er døden," kan du ikke gjøre annet enn å bli ført til døden. Det er derfor Herren spør oss, *"Hva nytter det mine brødre, hvis noen sier at de tror, når de ikke har noen gjerninger? Kan denne troen redde ham? Slik er det også med troen: Har den ikke gjerninger, er den rett og slett død"* (Jakob 2:14, 17).

Hvis du holder deg til kjøttet, vil det ikke bare få deg til å synde og lide av problemer her på jorden, men du vil ikke kunne arve himmelens kongerike. Så du må tenke på dette, og drepe kroppens gjerninger slik at du kan få et evig liv (Romerne 8:13).

Men i motsetning, hvis du følger Ånden, da vil du komme og gi ditt sinn til Ånden og prøve ditt beste med å leve i sannheten.

Da vil den Hellige Ånd hjelpe deg med å slåss imot fiende djevelen og Satan, kaste vekk usannhetene og spasere i sannheten, og så vil du bli frelst.

Innbill deg at noen slår deg på kinnet uten grunn. Du vil kanskje bli rasende, men du kan drive ut kjødelige tanker og følge de åndelige istedenfor, ved å huske på Jesus korsfestelse. På grunn av at Guds ord ber oss om å vende det andre kinnet til når vi blir slått på det ene kinnet og til å alltid juble i alle tilfeller, da kan du tilgi, ha tålmodighet, og tjene andre. Du behøver ikke å føle deg bekymret som følge av dette. Og på denne måten kan du få fred i ditt hjerte. Helt til du har blitt frelst, vil du kanskje gjerne bebreide og irettsette ham fordi du fremdeles har ondskap i deg. Men etter at du har kastet vekk all ondskapen, vil du føle kjærlighet overfor ham selv om du finner feil ved ham.

Så hvis du derfor setter ånden i sinnet ditt, da vil du søke etter åndelige ting og spasere i sannhetens ord. Som et resultat av dette kan du få frelse og et sant liv, og ditt liv vil bli fyllt med fred og velsignelse.

3. Kjødelige Tanker Er Fiendtlige Imot Gud

Kjødelige tanker vil hindre deg fra å be til Gud, mens åndelige vil anbefale deg til å be til Ham. Kjødelige tanker vil resultere i fiendskap og krangler, mens åndelige vil føre til kjærlighet og fred. På samme måte går kjødelige tanker imot sannheten, og de er egentlig viljen og tankene til fiende djevelen. Så hvis du fortsetter med å følge kjødelige tanker, da vil det bli oppbygget barrierer mot Gud, og de vil stå i veien for Guds vilje angående deg.

Kjødelige tanker vil ikke bringe noen fred, men bare bekymringer, engstelse, og problemer. Det vil si at kjødelige ord er fullstendig meningsløse og gir ingen gagn. Vår Fader Gud er den allmektige og den alt vitende, og som skaperen hersker Han over himmelrikene og jorden og alle ting inne i dem, og også våre ånder og kropper. Hva kunne Han ikke gi oss, Hans elskede barn? Hvis din far er presidenten av en stor industrigruppe, da ville du aldri behøve å engste deg om penger, og hvis din far er en perfekt lege, da har du garantert en god helse.

Akkurat som Jesus sa det i Markus 9:23, *"'Hvis du kan?' Alle ting er mulige for han som tror,"* åndelige tanker bringer deg tro og fred, mens de kjødelige tankene vil hindre deg i å fullføre Guds arbeide og vilje ved å gi deg engstelser, bekymringer og problemer. Det er derfor Romerne 8:7 sier angående kjødelige tanker, *"Kjøttets sinn er fiendtlig imot Gud; for det holder seg ikke etter Guds lov, for det kan ikke engang gjøre det."*

Vi er Guds barn som tjener Gud og som kalder Ham "Far." Hvis du ikke har noen lykke, men føler deg istedenfor ille til mote, motløs, og engstelig, beviser det at du følger de kjødelige tankene som har blitt vekket av fiende djevelen og Satan istedenfor åndelige tanker som du har fått ifra Gud. Da må du angre på dette med det samme, snu deg vekk ifra det, og søke etter åndelige tanker. Dette er på grunn av at vi ikke kan gi oss selv til Gud og adlyde Ham bare med våre åndelige sinn.

4. De Som Holder Seg i Kjøttet Kan Ikke Tilfredstille Gud

De som gir sitt sinn til kjøttet kan sies å gå imot Gud og vil ikke og kan ikke holde seg etter Guds lov. De adlyder ikke Gud og kan ikke tilfredstille Ham, og vil til slutt lide av prøvelser og problemer.

Siden Abraham, troens fader, alltid søkte etter åndelige tanker, kunne han til og med adlyde Guds budskap som ba ham om å offre hans eneste sønn Isak som et brennings offer. På den annen side, ble Kong Saulus, som hadde holdt seg til kjødelige tanker til slutt forlatt; Jonas ble kastet avgårde av en sterk vind og slukt av en kjempestor fisk; Isralittene måtte lide de 40 årene i den tøffe villmarken etter Eksodus.

Når du følger åndelige tanker og viser troens gjerninger, da kan du få alt det ditt hjerte ønsker, akkurat som det ble lovet i Salmenes bok 37:4-6, "*Gled deg med HERREN; og Han vil gi deg alt det ditt hjerte ønsker. Gi deg fullstendig til HERREN, stol på Ham, og da vil Han gjøre det. Han vil bringe deg rettferdigheten som lyset og din fordømmelse som middagen."*

Alle de som virkelig tror på Gud må drive ut all ulydighetene som har blitt forårsaket av fiende djevelens arbeide, beholde Guds budskap, og gjøre de tingene som er tilfredstillende til Ham. Da vil han bli et åndelig menneske som kan motta alt det han spør etter.

5. Hvordan Kan Vi Følge Åndens Arbeide?

Jesus, som er Guds Sønn, kom hit til jorden og ble et hvetekorn for synderne og døde for dem. Han banet veien til frelse for alle som aksepterer Ham og vil bli Guds barn, og som har høstet massevis av frukt. Han søkte bare etter åndelige tanker og adlød Guds vilje; Han brakte de døde tilbake til livet, helbredet de syke av alle slags sykdommer og utvidet Guds kongerike.

Hva burde en gjøre for å ta etter Jesus og for å tilfrestille Gud?

Du må først og fremst leve ved hjelp av den Hellige Ånd gjennom bønner.

Hvis du ikke ber, vil du havne under Satans arbeide og leve ifølge de kjødelige tankene. Men når du ber uten stopp, da kan du motta den Hellige Ånds arbeide her i livet ditt, bli overbevist om hva som er rettferdig, motsette deg synden, bli fri for fordømmelse, følge ønskene til den Hellige Ånd og bli holdt rettferdig ifølge Guds syn. Til og med Guds Sønn, Jesus, fullførte Guds arbeide gjennom bønner. Siden det er Guds vilje å be uten stans, kan du bare følge de åndelige tankene og tilfredstille Gud når du ikke stopper med å be.

Det andre, du må fullføre de åndelige arbeidene selv om du ikke vil. Troen uten gjerninger er bare den kunnskapelige troen. Det er en død tro. Når du vet hva du må gjøre, men allikevel ikke gjør det, er dette en synd. Så hvis du vil følge Guds vilje og gjøre Ham glad, da må du vise troens gjerninger.

Det tredje, du må angre og motta makten ovenifra slik at du kan ha troen som har blitt forbundet med handlinger. Siden kjødelige tanker er fiendtlige imot Gud, og ikke tilfredstiller Ham men bygger opp en vegg mellom Gud og deg, må du angre på dem og kaste dem vekk. En trenger alltid å angre for å leve et godt kristelig liv, men for at du kan kaste dem vekk må du gi dem ditt hjerte og angre på dem.

Hvis du gjør noe galt som du vet at du ikke burde gjøre, da vil ditt hjerte føle seg ukomfortabelt. Når du angrer på syndene med gråtende bønner, da vil engstelsen og bekymringene forlate deg, du vil bli forfrisket opp, forsonet med Gud, få freden tilbake, og du kan da motta det ditt hjerte ønsker. Hvis du fortsetter å be for å kunne bli kvitt hver eneste form for ondskap, da vil du angre på dine synder som ble fremstilt i ditt hjerte. Dine syndige egenskaper vil bli oppbrendt ved ilden til den Hellige Ånd, og de syndige veggene vil bli ødelagt. Da vil du kunne leve etter Åndens arbeide og av den grunn glede Gud.

Hvis du føler deg byrdet i hjertet etter at du har mottat den Hellige Ånd gjennom troen på Jesus Kristus, er dette på grunn av at du nå har funnet at du selv går imot Gud på grunn av dine kjødelige tanker. Så du må ødelegge de syndige veggene gjennom iherdige bønner, og så følge den Hellige Ånds ønsker og gjøre arbeidet for Ånden ifølge de åndelige tankene. Og ditt hjerte vil på grunn av dette få fred og lykke, og svar på dine bønner vil bli gitt til deg og ditt hjerte vil bli utfylt.

Akkurat som Jesus sa i Markus 9:23, *"'Hvis du kan?' Alle tinge er mulige for ham som tror,"* vil jeg håpe at dere alle vil kaste vekk de kjødelige tankene som står opp imot Gud og spasere med troen ifølge de arbeidene til den Hellige Ånd slik at du kan glede Gud, gjøre Hans uendelige arbeider, og forstørre Hans kongerike, i vår Herre Jesus Kristus jeg ber!

3. Kapittel

Ødelegg Alle Slags Tanker og Teorier

"For vel går vi frem på menneskelig vis,
men vi kjemper ikke med menneskelige midler.
Våre våpen er ikke fra mennesker,
men har sin kraft fra Gud og kan legge festninger i grus.
Vi river ned tankebygninger og alt stort
og stolt som reiser seg mot kunnskapen om Gud.
Vi tar hver tanke til fange under lydigheten mot Kristus.
Og når dere har nådd fram til full lydighet,
står vi klart til å straffe enhver ulydighet."

2. Korinterne 10:3-6

Igjen kan troskapen bli delt inn i to kategorier: Kjødelig tro og åndelig tro. Kjødelig tro kan også bli kaldt kunnskapens tro. Når du først hører på Guds ord, vil du komme til å få en tro som bare kommer fra kunnskapen. Dette er kjødelig tro. Men like mye som du forstår og praksiserer ordet, vil du begynne å få en åndelig tro.

Hvis du forstår de åndelige meningene med Guds sanne ord og legger grunnlaget av troen ved å praksisere det, da vil Gud juble og gi deg åndelig tro. Så med denne åndelige troen som kommer ovenifra, vil du motta svar på dine bønner og løsninger på dine problemer. Du vil også erfare den levende Gud.

Gjennom denne erfaringen vil tvilen din forsvinne, menneskelige tanker og teorier blir ødelagte, og du vil stå på troens klippe hvor du aldri vil bli forstyrret av noen som helst slags prøvelser og lidelser. Når du har blitt et sant menneske og får et hjerte som ligner Kristus, betyr dette at din grunnleggende tro har blitt lagt ned permanent. Med dette grunnlaget av troen kan du motta alt det du har spurt om i denne troen.

Akkurat som vår Herre Jesus sa i Matteus 8:13, *"Det skal bli gjort for deg akkurat som du har trodd,"* hvis du begynner å få en fullstendig åndelig tro, er dette troen hvor du kan motta alt det du har spurt etter. Du kan leve et liv med å lovprise Gud i alt det du gjør. Du vil oppholde deg i kjærligheten og Guds festning og bli en stor fornøyelse for Gud.

La oss nå forske i et par ting som angår den åndelige troen.

Hvilke hindringer møter en når en oppnår åndelig tro? Hvordan kan du få en åndelig tro? Hva slags velsignelser fikk de åndelige fedrene i Bibelen? Og til slutt vil vi se på hvorfor de som satte kjødelige tanker inn i sinnene deres ble forlatt.

1. Hindringer for å Oppnå Åndelig Tro

Med den åndelige troen kan du ha samtaler med Gud. Du kan høre stemmen til den Hellige Ånd klart og tydelig. Du kan motta svar på dine bønner og anmodninger. Du kan lovprise Gud om du spiser eller drikker eller hva du enn gjør, og du vil leve i gunst, anerkjennelse og garanti ifra Gud i ditt liv.

Hvorfor mislykkes så mennesker med å få åndelig tro? La oss nå se på hva slags omstendigheter som hindrer oss fra å ha en åndelig tro.

1) Kjødelige Tanker.

Romerne 8:6-7 sier, *"For det kjøttet vil, er død, men det Ånden vil, er liv og fred. Derfor er det som kjøttet vil, fiendskap mot Gud, for det bøyer seg ikke under Guds lov og kan heller ikke gjøre det."*

Sinnet kan bli oppdelt i to deler; en som er kjødelig i natur og en som er åndelig. Det kjødelige sinnet refererer til alle slags tanker som er oppbevart i kjøttet, og som inneholder alle slags usannheter. Kjødelige tanker tilhører synden fordi de ikke følger

Guds vilje. De føder døden akkurat som det ble sagt i Romerne 6:23, *"Belønningene av syndene er døden."* På den annen side refererer det åndelige sinnet til sannhetens tanker, og vil følge Guds vilje – rettferdigheten og godheten. Åndelige tanker føder livet og bringer oss fred.

Forestill deg at du for eksempel møter en vanskelighet eller en prøvelse som du ikke kan overvinne med menneskelig styrke og mulighet. Kjødelige tanker vil gi deg bekymringer og engstelser. Men åndelige tanker vil føre deg til å kaste vekk bekymringene, og til å gi takknemlighet og lykke gjennom Guds ord ved å si, *"Du må alltid juble; be uten stopp; alltid være takknemlig; for dette er Guds vilje for deg i Jesus Kristus"* (1. Tessalonikerne 5:16-18).

Åndelige tanker er derfor nøyaktig motsatt av de kjødelige, så med kjødelige tanker vil du ikke og kan du ikke bli utsatt for Guds lov. Det er derfor kjødelige tanker er fiendtlige imot Gud og vil hindre oss fra å få en åndelig tro.

2) Kjøttets Gjerninger/Arbeider.

Kjøttets gjerninger/arbeider refererer til alle syndene og ondskapene som har blitt avslørt i handlingene, akkurat som det ble fortalt om i Galaterne 5:19-21, *"Det er klart hva som kommer fra vårt kjøtt og blod: Hor, umoral, utskeielser, avgudsdyrkelser, trolldom, fiendskap, strid, sjalusi, sinne, selvhevdelse, stridigheter, splittelser, misunnelse, fyll, festing og mer av samme slag. Jeg har sagt det før, og jeg sier det igjen: De som driver med slikt, skal ikke arve Guds rike."*

Hvis du ikke kaster vekk kjøttets handlinger, da kan du verken ha en åndelig tro eller arve Guds kongerike. Det er derfor kjøttets arbeide hindrer deg fra å ha åndelig tro.

3) Alle Slags Teorier.

Websters Reviderte Uforkortede Ordbok refererer til "Teori" som "En lære, eller verdensorden, som avslutter med spekulasjoner eller kontemplasjon, uten å kunne praksisere; hypotese; spekulasjoner" eller "En fremstilling av det generelle eller det abstrakte prinsippet av all slags vitenskap." Denne teoretiske ideen er en del av kunnskapen som støtter skapelsen av noe fra ingenting, men det hjelper oss ikke med å få en åndelig tro. Det begrenser oss heller fra å ha en åndelig tro.

La oss tenke på de to teoriene om skapelsen og Darvins evolusjonisme. De fleste mennesker lærer i skolen at menneskene har kommet ifra apene. I en direkte motsetning, forteller Bibelen oss at Gud skapte mennesket. Hvis du tror på den allmektige Gud, da må du velge og følge at denne skapelsen kom fra Gud selv om du har blitt fortalt om teorien med evolusjonen i skolen.

Bare når du omvender deg ifra teorien med evolusjonen som har blitt undervist i skolen til Guds skapelse, kan du ha en åndelig tro. Ellers hindrer alle teoriene deg fra å ha åndelig tro fordi det er umulig for deg å tro at noe kan bli laget ut av ingenting med evolusjons teorien. Selv med vitenskapens utvikling kan mennesker for eksempel ikke lage livets frø, sædcellen og egget. Så hvordan er det så mulig å tro at noe kan bli laget av ingenting hvis det ikke ligger innenfor oppsynet av den åndelige troen?

Vi må derfor motbevise disse diskusjonene og teoriene, og hver eneste stolt og høytliggende ting som setter seg selv opp imot den sanne kunnskapen til Gud, og fange alle tankene og sette de inne i Kristus lydighet.

2. Saulus Følger de Kjødelige Tankene og Blir Ulydig

Saulus var den første kongen i Israels kongerike, men han levde ikke ifølge Guds vilje. Han steg opp til tronen ved menneskenes etterspørsel. Gud ba ham om å slå Amalek og fullstendig ødelegge alt det han hadde og til å drepe både mannen og kvinnen, barnet og spedbarnet, oksen og sauene, kamelen og geiten, og ikke spare noen av dem i det hele tatt. Kong Saulus seiret mot Amalekittene og vant den store triumfen. Men han adlød ikke Guds budskap, men skånet de beste sauene og oksene.

Saulus handlet ifølge hans kjødelige tanker, og skånet Agag og de beste sauene, oksene, gjødyrene, lammene, og alt det som var godt med et ønske om å offre dem til Gud. Han var ikke villig til å fullstendig ødelegge alle sammen. Denne handlingen var ulydighet og arroganse i Guds øyne. Gud bebreidet ham for hans ugjerninger gjennom profeten Samuel slik at han kunne angre og omvende seg. Men Kong Saulus laget bare unnskyldninger og insisterte på hans rettferdigheter (1. Samuel 15:2-21).

Det er i dag mange troende som handler som Saulus. De er ikke klar over deres tydelige ulydigheter, og de anerkjenner heller ikke når de blir irettsatt på grunn av dem. Istedenfor lager de unnskyldninger og insisterer på deres egne veier ifølge deres kjødelige tanker. På slutten kan de bli sett på som ulydige mennesker som er ifølge det kjødelige, akkurat som Saulus. Siden alle 100 ut av 100 mennesker har forskjellige meninger, kan de ikke bli samlet hvis de handler ifølge deres egne tanker. Hvis de handler ifølge deres egne tanker vil de begynne å bli ulydige. Men hvis de handler ifølge Guds sannhet, da vil de kunne adlyde og samles.

Gud sendte Profeten Samuel til Saulus. Saulus adlød ikke Hans ord og Profeten sa til Saulus, *"Trass er jevngodt med spådomssynd, gjenstridighet er som avgudsdyrkelse. Fordi du har kastet HERRENs ord, har han kastet deg som konge"* (1. Samuel 15:23).

Det er på samme måte hvis noen stoler på menneskelige tanker og ikke følger Guds vilje. Dette er Guds ulydighet, og hvis han ikke innser hans ulydighet eller omvender seg ifra det, har han ikke noe annet valg men å bli forlatt av Gud akkurat som Saulus.

I Samuel 15:23 irettesatte Samuel Saulus og sa, *"Er HERREN like glad for brendte offere og offringer som han er med å adlyde HERRENs stemme? Nei lydighet er bedre enn slaktoffer, og villighet er bedre enn fett av værer."* Samme hvor riktige dine tanker virker, må du angre på og vende deg vekk ifra dem med det samme hvis de går imot Guds ord. I tillegg må du gjøre dine tanker lydige etter Guds vilje.

3. Troens Fedre Som Avlød Guds Ord

David var den andre kongen i Israel. Han hadde ikke fulgt hans egne tanker siden barndommen, men han bare spaserte med Guds tro. Han fryktet ikke bjørner eller løver når han hyrdet flokken, og noen ganger slåss han imot og seiret imot løvene og bjørnene ved troen for å beskytte flokken. Senere seiret han over Goliat, Filisternes stridsherre.

Det var et tilfelle hvor David en gang ikke adlød Guds ord etter at han satt på tronen. Når han ble irettsatt av profeten for det, ga han ingen unnskyldning, men angret med det samme og omvendte seg, og på slutten ble han reddet mere. Det er derfor stor forskjell mellom Saulus, en mann med kjødelige tanker, og David, en åndelig mann (1. Samuel 12:13).

Mens han hyrdet flokken i ørkenen i 40 år, ødela Moses alle slags tanker og teorier og ble ydmykende overfor Gud helt til han kunne bli tilkaldt av Gud for å lede isralittene ut av Egyptens fangeskap.

Abraham tenkte også ifølge menneskelige tanker når han kalte hans kone, "søster." Men etter at han ble et åndelig menneske gjennom prøvelser, kunne han til og med adlyde Guds befalinger som ba ham om å offra hans eneste sønn Isak som et brennings offer. Hadde han stolt bare litt på kjødelige tanker, kunne han ikke ha adlødet budskapet i det hele tatt. Isak var hans eneste sønn som han hadde fått senere i livet, og som også skulle være frøet av Guds løfte. Så med menneskelige tanker, vil det kanskje bli sett på som upassende og umulig å skjære ham opp i biter akkurat som et dyr og offre ham som et brennende offer. Abraham klaget aldri, men trodde istedenfor at Gud kunne vekke ham opp fra de døde og derfor adlød han (Hebreerne 11:19).

Naaman, hærfører av hæren til kong Aram, var høyt respektert og anerkjent av kongen, men ble funnet da han hadde blitt angrepet av spedalskhet, og kom til profeten Elisja for å motta helbredelse for hans sykdom. Selv om han brakte mange presanger for at han kunne erfare Guds arbeide, lot ikke Elisja ham komme inn, men istedenfor sendte han sin tjener for å fortelle ham, *"Gå og vask deg i Jordan sju ganger, og du vil få ditt kjøtt tilbake og du vil bli ren"* (2. Kongebok 5:10). Med kjødelige tanker, Naaman så på dette som motbydelig og uforskammet og han ble forferdelig sint.

Men han ødelagte hans kjødelige tanker og adlød budskapet

etter rådet fra hans tjenere. Han dyppet seg selv i Jordan Elven sju ganger, og hans hud kom tilbake og han ble ren igjen.

Vann symboliserer Guds ord, og nummeret '7' står for fullkommenhet, så 'å dyppe seg selv i Jordan Elven 7 ganger' betyr "å bli fullstendig renset av Guds ord." Når du blir renset, kan du motta løsningene til alle slags problemer. Så når Naaman adlød Guds ord som ble forkynnet av Profeten Elisja, fant Guds utrolige arbeide sted hos ham (2. Kongebok 5:1-14).

4. Så Fort Du Driver Bort Menneskelige Tanker og Teorier, Da Kan Du Begynne å Adlyde

Jakob var lur og hadde alle slags tanker, så han prøvde å fullføre hans vilje med forskjellige onde planer. På grunn av dette led han av mange vanskeligheter i 20 år. Til slutt falt han inn i en forlegenhet ved Jabbok Elven. Han kunne ikke komme tilbake til onkelen hans på grunn av avtalen som hadde blitt laget med hans onkel, eller kunne han gå forover på grunn av hans eldre bror, Esau, som ventet på ham på den andre siden av elven for å drepe ham. I hans desperate situasjon var hans selvgodhet og alle de kjødelige tankene fullstendig ødelagt. Gud rørte ved Esaus hjerte og forsonet seg med hans bror. På denne måten åpnet Gud veien for livet slik at Jakob kunne fullføre Gud forsyn (Første Mosebok 33:1-4).

Gud sier i Romerne 8:5-7, *"De som lever slik kjøttet vil, er bare opptatt av det som hører mennesker til. Men de som lever etter Ånden, er opptatt av det som hører Ånden til. For det kjøttet vi, er død, men det Ånden vil, er liv og fred. Derfor er det som kjøttet vil, fiendskap mot Gud, for det bøyer seg ikke under Guds lov og kan heller ikke gjøre det."* Det er derfor vi har ødelagt hver eneste oppfatning, hver eneste teori, og hver eneste tanke som har blitt reist opp i motstand til Guds kunnskap. Vi må holde hver eneste tanke fange og bli lydige overfor Kristus slik at vi kan få en åndelig tro og vise lydige gjerninger.

Jesus ga et nytt budskap i Matteus 5:39-42 da Han sa, *"Men jeg sier dere: Sette dere ikke til motverge mot den som gjør ondt mot dere. Om noen slår deg på høyre kinn, så vend også det andre til. Vil noen saksøke deg og ta skjorten din, så la ham få kappen også. Om noen tvinger deg til å følge med en mil, så gå to med ham. Gi til den som ber deg, og vend ikke ryggen til den som vil låne av deg."* Med menneskelige tanker kan du ikke adlyde dette budskapet fordi de går imot det sanne ordet. Men hvis du ødelegger de menneskelige og de kjødelige tankene, da kan du adlyde Gud med glede, og Han vil få alt til å bli godt for deg gjennom din lydighet.

Samme hvor mange ganger du erkjenner din tro med dine lepper, kan du verken adlyde eller erfare Guds arbeider eller bli ført til velstand og sukksess hvis du ikke blir kvitt dine egne tanker og teorier.

Jeg anbefaler deg å huske på Guds ord som ble skrevet i Esaias 55:8-9, *"'For Mine tanker er ikke dine tanker, og heller ikke dine veier er Mine veier,' sier HERREN. 'For likesom himmelrikene er høyere opp enn jorden, så er Mine veier høyere opp enn dine veier og Mine tanker er høyere opp enn dine tanker.'"*

Du må unngå å ha alle kjødelige tanker og menneskelige teorier og istedenfor ha en åndelig tro akkurat som en centurion som ble roset av Jesus for hans fullstendige tillit til Gud. Når centurion kom til Jesus og spurte Ham om å helbrede hans tjener som hadde fått hele deres kropp lammet på grunn av slag, tilstod han ved troen at tjeneren ville bli helbredet bare ved ordene som Jesus sa. Han mottok svaret akkurat som han hadde trodd. På samme måte, kan du motta svar på alle dine bønner og anmodninger og fullstendig lovprise Gud hvis du har hans åndelige tro.

Guds sanne ord kan bli omgjort til menneskenes ånd og får ham til å ha troen som er forbundet med handlingene. Du kan motta Guds svar med denne levende og åndelige troen. Må dere alle ødelegge alle de kjødelige tankene og de menneskelige teoriene og få en åndelig tro slik at du kan motta alt det du spør om i troen og lovprise Gud.

4. Kapittel

Så Troens Frø

"Den som får opplæring i Ordet,
skal dele alt godt med sin lærer. La dere ikke føre vill!
Gud lar seg ikke spotte.
Det et menneske sår, skal det også høste.
Den som sår i sitt eget kjøtt og blod,
høster fordervelse av kjøttet; men den som sår i Ånden,
høster evig liv av Ånden.
La oss ikke bli trette mens vi gjøre det gode.
Når tiden er inne, skal vi høste, bare vi ikke gir opp.
Så la oss gjøre godt mot alle så lenge det er tid,
og mest mot dem som er vår familie i troen."

Galaterne 6:6-10

Jesus lovte oss i Markus Markus 9:23, *"'Hvis du kan?' Alt er mulig for han som tror."* Så når det kom en centurion Ham og viste Ham en slik stor troskap, da sa Jesus til ham, *"Det skal bli gjort for deg akkurat som du tror"* (Matteus 8:13), Og så ble tjeneren fullstendig helbredet med det samme.

Dette er den åndelige troen som får oss til å tro på det vi ikke kan se. Og det er også troen som er forbundet med gjerninger som får oss til å avsløre vår tro med gjerninger. Det er troskapen om å tro på at noe er laget ut av ingenting. Hebreerne 11:1-3 *"Troen er nå en pant på det vi håper, et bevis for det vi ikke ser. For sin tro fikk de gamle godt vitnesbyrd. I tro forstår vi at verden er skapt ved Guds ord, og at det vi ser, har sitt opphav i det usynlige."*

Hvis du har åndelig tro, da vil Gud være glad for din tro og tillate deg å motta alt det du har spurt om. Hva må vi så gjøre for å få åndelig tro?

Akkurat som en bonde sår frø på våren og høster dens frukt på høsten, må vi også så troens frø for å kunne få frukten av den åndelige troen.

La oss nå se på hvordan vi kan så troens frø gjennom ligningene med å så frøene og høste inn dens frukt fra åkeren. Jesus pratet til samlingen med lignelser, og Han pratet ikke til dem uten å bruke lignelser (Matteus 13:34). Dette er på grunn av at Gud er ånden, og vi som lever i denne fysiske verdenen som mennesker, kan ikke forstå Guds åndelige riket. Bare når vi blir lært om det åndelige riket med lignelser fra denne fysiske verdenen, vil vi kunne forstå Guds sanne vilje. Det er derfor jeg skal forklare for deg hvordan du kan så troens frø og hvordan du kan ha åndelig tro gjennom noen lignelser fra landbruks åkeren.

1. Så Plant Troens Frø

1) Først og fremst må du rydde åkeren.

Over alt annet, vil en bonde trenge en åker for å kunne så frø. For å kunne gjøre denne åkeren passende, må bonden legge ned riktig gjødslingen, vende jorden, plukke ut steinene, og bryte opp den klumpete jorden i en kultiverings prosess som inkluderer pløying, harving og dyrking av jorden. Bare da kan frøene som har blitt sådd i åkeren vokse godt og gi en avkastning med mange gode frukter.

I Bibelen presenterte Jesus fire forskjellige slags åkere til oss. Åkeren refererer til menneskenes hjerte. Den første kategorien er åkeren ved veikanten hvor frøene som har blitt sådd ikke kan spire fordi jorden er altfor hard; den andre er den steinete åkeren hvor frøene som har blitt sådd har vanskeligheter med å spire eller det er bare et par knopper som kan vokse på grunn av steinene i åkeren; den tredje er åkeren full av torner hvor frøene vokser, men kan ikke vokse godt og få god frukt fordi tornene vil kvele dem; den fjerde og siste er den gode åkeren hvor frøene kan spire, vokse godt, gi blomster og få masse frukt.

På samme måte er åkeren til menneskets hjerte også kategorisert inn i fire deler; det første er hjertets åker ved siden av veien hvor de ikke kan forstå Guds ord; det andre er hjertets åker med steiner hvor vi kan motta Guds ord, men vil miste det når vi møter prøvelser og forfølgelser; det tredje er hjertets åker med torner hvor bekymringene i verden og bedrageriet med rikdom vil kvele Guds ord og forhindre de som hører i å få frukt; den fjerde og siste er den godhjertede åkeren hvor de forstår Guds ord og får masse god frukt. Men samme hva slags åker ditt hjerte har, hvis du kultiverer og renser åkeren i ditt hjerte akkurat som en bonde arbeider hardt og svetter i hans åker, kan din åker i ditt hjerte bli omgjort til en god åker. Hvis den er hard, da må du vende den om og gjøre den jevn; hvis den er steinete, da må du plukke ut steinene; hvis den er full av torner, da må du fjerne tornene og så må du lage god jord ved å 'gjødsle' den.

Hvis bonden er lat, kan han ikke rydde åkeren og gjøre den god, mens en iherdig bonde gjør hans beste for å få tilbake og rydde jorden for å gjøre den til en god åker. Og ettersom den omvender seg til en god åker, vil den produsere bedre frukt.

Hvis du har troskap, da vil du gjøre ditt beste med å gjøre ditt hjerte godt med hardt arbeide og svette. Så for at du kan forstå Guds ord, gjøre ditt hjerte godt, og for at du kan få massevis av frukt, trenger du å kjempe mot og kaste vekk dine synder helt til du dør. Så ved å iherdig kaste vekk dine synder og ondskaper ifølge Guds ord akkurat som Gud ber oss om å bli kvitt all form for ondskap, kan du flytte hver eneste stein fra ditt hjertes åker, rense det, og gjøre det til et godt hjerte.

En bonde sliter og arbeider iherdig fordi han tror at han vil få en kjempestor innhøstning hvis han pløyer, harver og dyrker jorden og omvender jorden til en god åker. På samme måte håper jeg at du kan tro at hvis du kultiverer og forandrer ditt hjertes åker til en god åker, da vil du oppholde deg i Guds kjærlighet, bli ført til sukksess og velstand og komme inn til et bedre sted i himmelen, og å kjempe mot og kaste vekk dine synder helt til du dør. Da vil den åndelige troen bli plantet i ditt hjerte og du vil få så mye frukt du vil ha.

2) Neste, frøene er nødvendig.

Etter at en har ryddet åkeren, da må du så frøene og hjelpe frøene med å spire. En bonde vil så mange slags frø og vil innhøste massevis av forskjellige slags avlinger som kål, salat, gresskar, grønne bønner, røde bønner, og liknende.

På samme måte må vi så mange forskjellige slags frø i vårt hjertes åker. Guds ord ber oss om å alltid juble, be uten stopp, være takknemlig for alt, gi hele tiendedeler, holde Herrens Dag hellig, og elske. Når disse ordene ifra Gud er plantet inn i ditt hjerte, da vil de spire, få knopper, og gi produserende åndelige frukter. Du vil kunne leve med Guds ord og ha åndelig tro.

3) Vann og sollys er nødvendig.

For en bonde til å kunne innhøste en god avling, er det ikke nok for ham å bare rydde åkeren og gjøre klar frøene. Vann og sollys er også nødvendig. Bare da kan frøene spire og vokse godt.

Hva representerer vannet?

Jesus sier i Johannes 4:14, *"Alle de som drikker av det vannet som Jeg gir ham vil aldri tørste; men det vannet som Jeg gir ham vil bli til en brønn med vann som vil flyte i all evighet."* Vann refererer åndelig til "vann som spruter opp i all evighet," og evig vann refererer til Guds ord akkurat som det har blitt skrevet ned i Johannes 6:63, *"Ordene som Jeg har sagt til dere er ånden og livet."* Det er derfor Jesus sa i Johannes 6:53-55, *"Sannelig, sannelig, sier jeg dere, hvis du ikke spiser kjøttet til Menneskesønnen og drikker Hans blod, har du ikke selv noe liv. Han som spiser Mitt kjøtt og drikker Mitt blod har et evig liv, og Jeg vil vekke ham opp fra de døde den siste dagen. For Mitt kjøtt er den sanne maten, og Mitt blod er den sanne drikke."* Du vil derfor bare kunne gå mot det evige livet og ha åndelig tro når du iherdig leser, hører på og formidler om Guds ord og ærlig ber med det.

Hva betyr det neste når det kommer til sollys?

Sollyset hjelper frøene til å virkelig spire og vokse godt. På samme måte er det hvis Guds ord kommer inn i ditt hjerte, da vil ordet som er lyset drive ut mørket fra hjertet. Det renser ditt hjerte og omvender hjertets åker til en god åker. Så du kan ha en åndelig tro helt til lyset av sannheten fyller ditt hjerte.

Gjennom en ligning om landbruk, har vi lært at vi må rydde åkerens hjerte, forberede gode frø, og gi riktig med vann og sollys idet troens frø blir plantet. La oss etterpå se på hvordan en kan plante troens frø og hvordan en kan oppdra dem.

2. Hvordan en Planter og Oppdrar Troens Frø

1) Først og fremst må du så troens frø ifølge Guds veier.

En bonde sår frøene forskjellig ifølge hva slags frø det er. Han planter noen frø dypt inn i jorden, mens andre blir plantet grunt. På samme måte må du variere måtene en sår de troende frøene på med Guds ord. Når du for eksempel sår bønnene, må du rope ut med et seriøst hjerte og regelmessig knele ned akkurat som det har blitt forklart ifølge Guds ord. Bare da kan du motta Guds svar (Lukas 22:39-46).

2) For det andre må du så troen.

Akkurat som en bonde er iherdig og ivrig når han sår frøene, fordi han tror og håper at han kan innhøste, må du så troens frø – Guds ord – med glede og håp om at Gud vil la deg innhøste rikelig. Så i 2. Korinterne 9:6-7, oppmuntrer Han oss og sier, *"Nå sier jeg dette, han som sår sparsomt vil også innhøste sparsomt, og han som sår i overflod vil også innhøste rikelig. Hver eneste en må gjøre akkurat som han har planlagt i hans hjerte, ikke motstrebende eller med tvang, for Gud elsker en lykkelig giver."*

Det er loven til denne verden og loven til det åndelige riket at vi burde innhøste alt det vi har sådd. Så like mye som din tro vokser, vil ditt hjertes åker bli bedre. Idet du sår mere, vil du også høste mere. Så hvilket som helst slags frø som du sår må du så med troen, takknemligheten og lykken slik at du kan innhøste massevis av frukt.

3) For det tredje må du ta godt vare på de spirende frøene.

Etter at bonden har forberedt jorden og har sådd frøene, må han vanne plantene i en periode, forhindre ødeleggelse av ormer og insekter ved å sprøyte insektmiddel, fortsette å gjødsle åkeren, og dra ut ugresset. Hvis ikke vil de visne og de kan ikke vokse. Når Guds ord har blitt plantet, må det også bli kultivert for å holde fiende djevelen og Satan fra å komme nærmere. En må kultivere det med iherdige bønner, holde på det med lykke og takknemlighet, gå i gudstjenester, være med på kristelige sammenkomster, lese og høre Guds ord og tjene. Da vil de sådde frøene spire, blomstre og bære frukt.

3. Prosessen Hvor Blomster vil Blomstre og Bli Til Frukt

Hvis en bonde ikke tar vare på hans frø etter at han sår dem, da vil ormer spise dem, og ugrass vil blomstre og hindre frøene fra å vokse og bære frukt. Bonden burde ikke bli utålmodig med hans arbeide, men tålmodig med å kultivere plantene til han kan innhøste god og masse frukt. Når den riktige tiden kommer, vil frøene gro, blomstre, og til slutt bære frukt gjennom bier og sommerfugler. Når frukten modner, da kan bonden til slutt lykkelig innhøste god frukt. Hvor lykkelig vil han ikke bli når alt hans arbeide og tålmodighet blir til gode og verdifulle frukter med innhøstingen av hundre, seksti, eller tredve ganger så mye som han plantet!

1) Først vil den åndelige blomsten blomstre.

Hva betyr det at 'Troens frø vokser og gir åndelige blomster'? Hvis blomstene blomstrer, da vil de gi fra seg en aroma, og aromaen tiltrekker bier og sommerfugler. På samme måte når vi har sådd frøene til Guds ord inn i vårt hjertets åker og de kan bli tatt vare på, til den grad at vi lever ifølge Guds ord, da kan vi gi åndelige blomster og spre aromaen til Kristus. I tillegg kan vi spille rollen som verdens lys og salt slik at mange mennesker kan se våre gode arbeider og lovprise vår himmelske Fader (Matteus 5:16).

Hvis du sender ut Kristus' aroma, da vil fiende djevelen bli drevet ut og du vil kunne lovprise Gud i ditt hjem, firma, og arbeidsplass. Om du spiser eller drikker eller hva enn du gjør, kan du lovprise Gud. På grunn av dette, vil du bære frukten av misjonsvirksomhet, fullføre Guds rettferdige kongedømme, og forandre deg til et åndelig menneske ved å rense ditt hjertets åker og gjøre det til et godt et.

2) Deretter blir fruktene til og vil modne.

Etter at blomstene blomstrer, da vil fruktene komme og når fruktene blir modne, da vil bonden høste dem. Hvis vi legger dette til vår tro, hva slags frukt kan vi så få? Vi kan få forskjellige slags frukter fra den Hellige Ånd inkludert de ni fruktene fra den Hellige Ånd som det ble skrevet om i Galaterne 5:22-23, fruktene til saligprisningene i Matteus 5, og frukten fra den åndelige kjærligheten akkurat som det ble skrevet i 1. Korinterne 13.

Når en leser Bibelen og hører på Guds ord, da kan vi undersøke om vi har produsert blomstrer, og fått frukt, og hvor moden frukten er. Når frukten er fullstendig moden, da kan vi høste dem når som helst og nyte dem når vi vil. Salmenes bok 37:4 sier, *"Gled deg med HERREN; og Han vil gi deg alt det ditt hjerte ønsker."* Det er i stor likhet med å sette inn billioner av kroner i en bank konto og kunne bruke disse pengene akkurat som en vil.

3) Til slutt vil du kunne høste alt det du har sådd.

Når det er i den rette sesongen for noe, da vil en bonde høste alt det han har sådd, og han vil gjenta dette hvert eneste år. Her er mengden av hans innhøstning forskjellig ifølge hvor mye han har sådd og hvor iherdig og trofast han har tatt seg av frøene.

Hvis du har sådd i bønnene, da vil din ånde blomstre, og hvis du har sådd i lojalitet og tjeneste, da vil du nyte god helse i ånden og kroppen. Hvis du har sådd iherdig i økonomi, da vil du nyte økonomisk velsignelse og hjelpe de fattige med veldedighets arbeide så mye du vil. Gud lover oss i Galaterne 6:7, *"Bli ikke bedratt, Gud er ikke hånet; for alt det et menneske sår, dette vil han også høste."*

Mange deler av Bibelen vil bekrefte dette løfte til Gud som sier at en mann som sår vil høste det som blir sådd. I det syttende kapittelet av 1. Kongeboken er det en fortelling om en enke som lever på Sarepta. Siden det ikke hadde regnet noe i landet og bekken tørket opp, hadde hun og sønnen hennes kommet til et tidspunkt hvor de hadde begynt å sulte. Men hun sådde en neve full med mel i en bolle med litt olje fra krukken for Elias, en av Guds menn. På denne tiden når maten var mer verdifull enn gull, var det ikke mulig for henne å gjøre det uten tro. Hun trodde på og stolte på Guds ord som hadde blitt profetert gjennom Elias, og sådde det med troen. Gud ga henne utrolig velsignelse tilbake for hennes tro, og hun, hennes sønn og Elias kunne nå spise helt til den lange hungersnøden til slutt var over (1. Kongeboken 17:8-16).

Markus 12:41-44 presenterer for oss en fattig enke som satte to små kobber mynter, som er det samme som et øre, til hovedkassen. Hvilken stor velsignelse fikk hun ikke når Jesus lovpriste hennes handlinger!

Gud har satt loven til det åndelige rike og forteller oss at vi kan høste alt det vi har sådd. Men jeg anbefaler deg å minnes om at det er å håne Gud for deg å ville høste noe når du ikke har sådd noe. Du må tro at Gud vil at du skal høste et hundre, seksti, eller tredve ganger mere enn det du har sådd.

Gjennom bondens lignelse, har vi sett på hvordan en kan plante troens frø og hvordan en kan kultivere den for å kunne få en åndelig tro. Nå ønsker jeg at du kan få tilbake ditt hjertets åker og gjøre det til et godt et. Så troens frø og kultiver dem. Vi må derfor så så mye som mulig og kultivere dem med troen og håpet og tålmodighet slik at vi kan motta velsignelsen av et hundre, seksti, eller tredve ganger. Når den rette tiden kommer, da vil du høste fruktene og lovrpise Gud høyt.

Jeg håper dere alle kan tro på alle ordene i Bibelen og så troens frø ifølge læringene av Guds ord slik at du kan bære massevis av frukt, lovrpise Gud og nyte alle slags velsignelser!

5. Kapittel

"'Hvis Du kan?' Alt Er Mulig!"

Jesus spurte faren,
"Hvor lenge har han hatt det slik?"
"Fra han var liten gutt, svarte han.
Mange ganger har ånden kastet han både
i ild og vann for å ta livet av ham.
Men om det er mulig for deg å gjøre noe,
så forbarm deg over oss og hjelp oss!"
Og Jesus sa til ham, '"Hvis du kan?'
Alt er mulig for ham som tror." Straks ropte guttens far:
"Jeg tror, hjelp meg i min vantro."
Da Jesus så folk stimle sammen,
truet han den urene ånden og sa:
"Du stumme og døve ånd, jeg befaler deg: Far ut av ham,
og far aldri mer inn i ham."
Da skrek den høyt, slet voldsomt i gutten og for ut.
Gutten lå livløs, og alle sa at han var død.
Men Jesus tok ham i hånden og hjalp ham opp,
og han reiste seg.

Markus 9:21-27

Mennesker oppbevarer deres livs erfaringer gjennom inntrykkene av alt det de går gjennom inkludert gledene, sorgene, og smertene. Mange av dem vil noen ganger møte og lide av seriøse problemer som de ikke kan løse med tårer, utholdenhet, eller hjelp ifra andre.

Dette er problemer fra sykdommer som ikke kan bli helbredet med moderne medisiner; psykiske problemer fra livets stress som ikke kan bli raknet opp med all slags filosofi eller psykologi; problemer med barn og hjem som ikke kan bli løst med noe som helst pengebeløp; problemer i handel og økonomi som ikke kan bli fullført av noen som helst kraftanstrengelser. Og listen går videre. Hvem kan løse alle disse problemene?

I Markus 9:21-27, finner vi samtalen med Jesus og faren til et barn som var besatt av onde ånder. Barnet led seriøst av både døvstumhet og epileptiske anfall. Han kastet seg ofta inn i vannet og inn i flammene på grunn av demon besettelsen. Når demonene grep fatt i ham, slo de ham ned i bakken og han begynte å fråde om munnen, skjære tennene og så stivnet han.

La oss nå se på hvordan faren fikk løsningen på problemet ifra Jesus.

1. Jesus Bebreidet Faren for Hans Utroskap

Barnet hadde vært døvt og stumt siden hans fødsel og han

kunne derfor ikke høre noe og han hadde seriøse vanskeligheter med å få andre til å forstå ham. Han ble ofte torturert av epilepsi og viste symptomene med konvulsjoner. Det er derfor faren måtte leve midt i smertene og engstelsen og ikke hadde noe håp i livet.

Etter et stykke tid hørte han om nyhetene om Jesus som hadde brakt mennesker tilbake fra de døde, helbredet syke fra alle slags sykdommer, åpnet de blindes syn, og utført forskjellige mirakler. Nyhetene ga faren nytt håp. Han tenkte, "Hvis Han har den samme makten som jeg har hørt, da vil han kanskje kunne helbrede min sønn fra hele hans sykdom." Han tvilte på at hans sønns helbredelse ville skje. Med bare denne forventningen brakte han sin sønn til Jesus og bønnfalte Ham og sa, "Hvis du kan gjøre noe, ta medlidenhet med oss og hjelp oss!"

Når Jesus hørte ham, bebreidet Han ham for hans utroskap og sa til ham, "'Hvis du kan?' Alt er mulig for ham som tror." Det var på grunn av at faren hadde hørt om Jesus, men trodde ikke på Ham med hele hans hjerte.

Hvis faren hadde trodd at Jesus var Guds Sønn og den Allmektige, Han som ingenting er umulig for, og Han som er selve sannheten, han ville aldri ha sagt til Ham, "Hvis alt er mulig for deg, ta så medlidenhet med oss!"

Uten tro er det umulig å tilfredstille Gud, og uten åndelig tro er det ikke mulig å motta svar. For at Jesus kunne få faren til å innse dette fakta, sa Han til faren, "Hvis du kan?" og irettsatte ham fordi han ikke hadde en fullstendig troskap.

2. Hvordan en Kan Ha en Fullstendig Troskap

Når du tror på hva det som ikke kan bli sett, da kan din tro bli akseptert av Gud, og denne troen er kaldt 'åndelig tro,' 'sann tro,' 'levende tro' eller 'tro forbundet med handlinger.' Ved denne troen kan du tro at noe er laget av ingenting. Det er på grunn av at troen er nå en pant på det vi håper og et bevis for det vi ikke ser (Hebreerne 11:1-3).

Du må tro i hjertet korsets vei, oppstandelse, Herrens tilbakekomst, Guds skapelse, og mirakler. Bare da kan du bli ansett å ha en fullstendig tro. Når du tilstår om din troskap med dine lepper, er dette en sann tro.

Det er tre omstendigheter for å få en fullstendig tro.

Først og fremst må barrikadene med synder imot Gud bli ødelagt. Hvis du finner at du selv har laget en barrikade med synder, da må du ødelegge den ved å angre på dem. I tillegg må du kjempe imot dine synder helt til døden og unngå hver eneste form for ondskap for ikke å begå noen som helst synder i det hele tatt. Hvis du hater synder til den grad at du føler deg urolig bare ved tanken på synder og blir nervøs og bekymret ved synet av syndene, hvordan kunne du så våge å synde? Istedenfor å leve et syndig liv kan du kommunisere med Gud og ha en fullstendig tro.

Det andre er at du må Følge Guds vilje. For å kunne gjøre Guds vilje, vil du først og fremst forstå klart og tydelig hva Guds vilje er. Så samme hva dere vil ha ønske om personlig, burde dere ikke gjøre det hvis det ikke er Guds vilje. På den annen side, hvis det er Guds vilje, må du gjøre det samme hva det er du ikke vil gjøre. Når du følger Hans vilje med hele ditt hjerte, seriøsitet, styrke og visdom, vil Han gi deg en fullstendig tro.

Tredje, du må tilfredstille Gud med din kjærlighet for Ham. Hvis du gjør alle ting for Guds ære, samme om du spiser eller drikker eller hva enn du gjør, og hvis du tilfredstiller Gud selv ved å offra deg selv, vil du aldri mislykkes i å få en fullstendig tro. Det er denne troen som gjør umulige ting mulige. Med denne fullstendige troen, vil du ikke bare begynne å tro på det du kan se og det som er mulig å fullføre med din egen makt, men også det som du ikke kan se og det som er umulig med menneskelige evner. Så når du tilstår om denne fullstendige troen, da vil alt det umulige bli gjort mulig.

Det er derfor Guds ord sier, "'Hvis du kan?' Alt er mulig for ham som tror" da vil du få dette og du kan så lovprise Ham i alt det du gjør.

3. Ingenting Er Umulig for Ham Som Tror

Når du har fått en fullstendig tro, da er ingenting umulig for deg og du kan motta løsninger på alle slags problemer. I hvilke områder kan du erfare Guds makt som gjør det umulige mulig? La oss se på tre forskjellige slags sider.

Det første området til de tre er problemene med sykdommer.

Hva hvis du er syk på grunn av bakterier eller virusinfeksjon. Hvis du viser troen og blir fylt med den Hellige Ånd, da vil ilden fra den Hellige Ånd brenne disse sykdommene og du kan bli helbredet. Mer detaljert vil det bli hvis du angrer på dine synder og omvender deg ifra dem, da kan du bli helbredet gjennom bønnene. Hvis du er en troende begynner, da må du åpne ditt hjerte og høre på Guds ord helt til du kan vise din tro.

Hvis du deretter får en seriøs sykdom som ikke kan bli helbredet med medisiner, da må du vise bevis på din mektige tro. Bare når du virkelig angrer på dine synder ved å rive i ditt hjerte og klenge deg til Gud gjennom tåredryppende bønner, kan du bli helbredet. Men de som har en svak tro eller de som akkurat har begynt å gå i kirken, kan ikke bli helbredet til de får den åndelige troen, og når de får troen, vil helbredelse skje litt av gangen.

Til sist kan ikke fysiske deformiteter, abnormiteter, uførheter, døvhet, psykiske og fysiske funksjonshemede omstendigheter, og arvelige problemer bli helbredet uten Guds makt. De som lider av slike omstendigheter må vise deres alvorlighet overfor Gud og gi Ham bevis på den kjærlige troen og tilfredstille Ham slik at de kan bli anerkjent av Gud, og da kan de helbredende arbeidene oppstå med dem gjennom Guds makt.

Disse helbredende arbeidene kan bare skje for dem når de viser troens handlinger akkurat som den blinde tiggeren ved navnet Bartimaeus ropte ut til Jesus (Markus 10:46-52), en centurion avslørte hans mektige tro (Matteus 8:6-13), og en paralytiker og hans fire venner presenterte beviset på troen deres for Jesus (Markus 2:3-12).

Det andre området er problemene med økonomien.

Hvis du prøver å løse de økonomiske problemene med din kunnskap, veier, og erfaringer uten hjelp ifra Gud, da kan du løse problemet bare med dine muligheter og kraftanstrengelser. Men hvis du kaster vekk syndene dine, følger Guds vilje, og gir ditt problem til Gud og tror på at Gud vil lede deg Hans vei, da vil din sjel blomstre og alt vil gå godt med deg og du vil kunne nyte god helse. Og siden du også spaserer i den Hellige Ånd, vil du motta Guds velsignelser.

Jakob hadde fulgt menneskenes veier og visdom i livet hans helt til han kjempet med Guds engel ved Elven Jabbok. Engelen rørte ved leddskål av låret hans og så gikk leddskålen av låret hans ut av ledd. I denne brytekampen med Guds engel, ga han seg selv fullstendig til Gud og ga Ham alt. Fra dette øyeblikket av mottok han Guds velsignelse. På samme måte er det hvis du elsker Gud, tilfredstiller Ham, og gir Ham alt i Hans hender. Da vil alt gå godt med deg.

Det tredje er angående hvordan en mottar den åndelige styrken.

Vi finner i Korinterne 4:20 at Guds kongerike eksisterer ikke i ord, men i makt. Makten blir større ettersom vi får en mer fullstendig tro. Vi får Guds makt forskjellig ifølge hvor mye vi ber, og hvor mye tro og kjærlighet vi har. Guds miraklende arbeider, som befinner seg på et høyere stadier enn gaven med helbredelse, kan bli fullført bare av de som mottar Guds makt gjennom bønner og fasting.

Så hvis du har en fullstendig tro, da vil det umulige bli mulig for deg og du kan modig tilstå, "Hvis du kan? Alt er mulig for ham som tror."

4. "Jeg tror; hjelp meg med min utroskap!"

Det er en prosess som er nødvendig for at du kan motta løsningene på ethvert problem.

Først, for å begynne prosessen må du offre positive tilståelser med dine lepper.

Det var en far som hadde lidd av dype smerter i lang tid på grunn av at hans sønn var besatt av onde ånder. Når faren hørte om Jesus, begynte han å lengte etter å se Ham. Senere brakte faren hans sønn til Jesus og forventet at det kanskje ville være en sjanse for at hans sønn kunne bli helbredet. Selv om han ikke hadde bekreftelse på det, spurte han Jesus om å helbrede hans sønn.

Jesus irettesatte faren når han sa, "Hvis du kan!" Men da oppfordret Han ham med å si, *"Alt er mulig for ham som tror"* (Markus 9:23). *Med dette oppfordrende ordet, ropte faren ut og sa, "Jeg tror; hjelp meg med min utroskap"* (Markus 9:23). Han gjorde derfor denne positive tilståelsen til Gud.

Iden han bare hørte med hans ører at alt er mulig med Jesus, forstod han deg i hjernen sin og bare erkjente hans tro med hans lepper, men erkjente ikke troen som kunne få ham til å ha troen fra hans hjerte. Selv om han hadde kunnskapens tro, ble hans positive tilståelse en anbfaling av åndelig tro og fikk ham til å motta svaret.

Det neste er at du må ha åndelig tro som vil få deg til å tro ifra ditt hjerte.

Faren til det demonbesatte barnet lengtet ivrig etter å motta åndelig tro, og sa til Jesus, *"Jeg tror; hjelp meg med min utroskap"* (Markus 9:23). Når Jesus hørte om farens ønske, kjente han til farens alvorlige hjerte, sannferdighet, ivrige anmodning, og tro, og så ga Han ham den åndelige troen som fikk ham til å tro ifra hans hjerte. Så på grunn av at faren fikk en åndelig tro, kunne Gud arbeide for ham og han mottok svar ifra Gud.

Når Jesus befalte i Markus 9:25, *"Du døve og stumme ånd, Jeg befaler deg å komme ut av ham og kom ikke tilbake til ham igjen,"* og den onde ånden kom ut.

Det vil si at guttens far ikke kunne motta Guds svar med en kjødelig tro som var oppbevart bare som kunnskap. Men så snart han fikk den åndelige troen, ble Guds svar gitt til ham med det samme.

Det tredje poenget i denne prosessen er å rope ut i bønner helt til det siste øyeblikket hvor de mottok svarene.

I Jeremias 33:3, lovte Gud oss, *"Rop på Meg og Jeg vil svare deg, og jeg vil fortelle deg store og mektige ting, ting som du ikke vet noe om,"* og i Esekel 36:37, lærer Han oss, *"Enda en bønn vil jeg høre og oppfylle for Israels ætt."* Akkurat som det har blitt skrevet ovenfor, ropte Jesus, profeten i det Gamle Testamentet, og disiplene i det Nye Testamentet ut og ba til Gud om å motta Hans svar.

På samme måte, kan du motta troen som får deg til å tro ifra hjertet og bare gjennom denne åndelige troen kan du motta svarene på bønnene og problemene bare ved å rope ut i bønner. Du må rope ut i bønner helt til du mottar svarene, og da vil det umulige bli mulig for deg. Faren til det demonbesatte barnet kunne motta svaret på grunn av at han ropte ut til Jesus.

Denne fortellingen om faren til et demonbesatt barn gir oss en viktig undervisning i Guds lov. For at vi kan erfare Guds ord og si, "'Hvis du kan?' Alt er mulig for ham som tror," da må du gjøre din kjødelige tro til en åndelig tro som vil hjelpe deg med å ha en fullstendig tro, stå på fjellet, og adlyde uten tvil.

For å summere opp prosessen, trenger du først å lage den positive tilståelsen med din kjødelige tro som er oppbevart som kunnskap. Så må du rope ut til Gud i bønner helt til du mottar svarene. Og til slutt må du motta den åndelige troen ovenifra som gjør det mulig for deg å tro ifra ditt hjerte.

Og for å møte de tre omstendighetene med å motta fullstendige svar, må du først ødelegge veggen med synder som står opp imot Gud. Deretter må du vise troens handlinger med alvorlighet. La så din sjel vokse. Like mye som du fullfører disse tre omstendighetene, vil du få en åndelig tro ovenifra og gjøre det umulige mulig.

Hvis du prøver å gjøre ting selv istedenfor å gi dem til den allmektige Gud, vil du få problemer og vil møte vanskeligheter. Men hvis du i motsetning ødelegger de menneskelige tankene som får deg til å tro at ting er umulig og gir alt til Gud, da vil Han gjøre alt for deg, alt det som er umulig.

Kjødelige tanker er fiendtlige mot Gud (Romerne 8:7). De hindrer deg i å tro og vil få deg til å skuffe Gud ved å lage negative tilståelser. De hjelper Satan med å bringe anklagelser imot deg og vil også gi deg tester, prøvelser, problemer og vanskeligheter. Du må derfor ødelegge disse kjødelige tankene. Samme hva slags problemer du møter opp med, inkludert problemene med din sjels velstand, handel, arbeide, sykdommer, og familie, må du gi dem i hendene til Gud. Du må stole på den allmektige Gud, tro på at Han vil gjøre alt det som er umulig, mulig, og ødelegge alle slags kjødelige tanker med troen.

Når du holder positive tilståelser og sier "Jeg tror," og ber til

Gud fra hjertet, da vil Gud gi deg troen som hjelper deg med å tro ifra hjertet, og med denne troen vil Han la deg motta svarene på ethvert problem og lovprise Ham. Hva for et velsignet liv dette er!

Jeg håper at du bare vil spasere i troen for å kunne fullføre Guds kongedømme og rettferdighet, for å fullføre den Store Kommisjonen av å forkynne til verden, og for å holde Guds vilje som du har fått, og gjøre det umulige mulig som en av korsets soldater, og skinne Kristus lys, i vår Herre Jesus Kristus jeg ber!

6. Kapittel

Daniel Stolte bare på Gud

Da sa Daniel til kongen, "Lenge leve Kongen!
Men Gud sendte Sin engel og lukket løvenes gap,
så de ikke har gjort meg noe vondt.
For jeg er funnet uskyldig for Ham;
og mot deg, konge, har jeg heller ikke gjort noe galt."
Da ble kongen overmåte glad
og bød at de skulle dra Daniel opp av hulen.
Da de hadde dratt Daniel opp,
fantes det ingen skade på ham;
for han hadde satt sin lit til Gud.

Daniel 6:22-24

Når han var et barn, hadde Daniel blitt tatt bort til slaveri i Babylon. Men senere satt han i stillingen som kongens favoritt og som kongens neste. Fordi han elsket Gud mer enn noe annet, ga Gud ham kunnskap og intelligens i hver eneste del av literaturen og visdommen. Daniel forstod til og med alle slags syn og drømmer. Han var en politiker og en profet som avslørte Guds makt.

Gjennom hele hans liv, kompromitterte Daniel aldri med verden når han tjente Gud. Han seiret over alle prøver og tester med martyrens troskap og lovpriste Gud med store troende seirer. Hva burde en gjøre for å få en slik tro som han hadde hatt?

La oss finne ut av hvorfor Daniel, som var kongens neste som Babylons hersker, ble kastet inn til løvens hule og hvordan han overlevde i løvens hule uten så mye som et merke på kroppen.

1. Daniel, En Troende Mann

Ved Kong Rehabeams styre, ble Israels Forente Kongerike delt inn i to – det Sørlige Kongerike Judea og det Nordlige Kongerike Israel på grunn av Kong Salomons degraderinger (1. Kongeboken 11:26-36). Kongene og nasjonene som adlød Guds budskap ble vellykket, men de som ikke adlød Guds lov ble ødelagte.

I 722 f.Kr. falt Israels Nordlige Kongerike sammen under Assyrias angrep. På den tiden ble mangfoldige mennesker tatt til fange i Assyria. Judeas Sørlige Kongerike ble også angrepet, men ble ikke ødelagt.

Senere angrep Kong Nebukadnesar Judeas Sørlige Kongerike, og på det tredje forsøket slo de ned byen Jerusalem og ødela Guds tempel. Dette var 586 f. Kr.

I Joakims styres tredje år, kom kongen av Judeas, Nebukadnesar, Babylons konge til Jerusalem og beslagla den. Ved dette første angrepet, bandt Kong Nebukadnesar Kong Jojakim med bronsje kjetting for å ta ham med til Babylon, og brakte også noen ting ifra Guds hus til Babylon.

Daniel var blandt den kongelige familien og adelsmennene som først ble tatt til fange. De bodde i det hedenske landet, men Daniel var vellykket mens han tjente flere konger – Nebukadnesar og Belsasar, som var konger i Babylon, og Darius og Cyrus, som var konger i Persia. Daniel bodde i hedningenes land i lang tid og tjente landene som en av herskerne etter kongene. Daniel viste troen hvor han ikke kompromitterte med verden og levde et triumferende liv som en av Guds profeter.

Kongen i Babylon, Nebukadnesar, ba embetsmennenes sjefer om å bringe ham noen av Israels sønner, inkludert noen av kongefamilien og noen av adelsmennene, ungdom som var gode, som var kjekke å se på, viste seg å være klokhe i alle visdommene, utrustet med forståelse og klarsynt kunnskap, og som hadde muligheten til å tjene i kongens rettsal; og han befalte dem om å lære dem literaturen og språket til Kaledonierne, og lot dem få maten og vinen som kongen hadde, og avtalte at de skulle bli undervist i tre år. Daniel var en av dem (Daniel 1:4-5).

Men Daniel fant ut at han ikke ville sverte til seg selv med kongens valgte mat eller med vinen som han drakk; så han spurte etter hærførerens tillatelse om at han ikke måtte sverte seg selv til (Daniel 1:8). Dette var Daniels tro om å beholde Guds lov. Nå ga Gud Daniel anerkjennelse og medlidenhet i hærføreren til embetsmennenes syn (v. 9). Så oppsynsmannen fortsatte med å holde tilbake hans og hans venners spesielle mat og vinen som de drakk, og fortsatte å gi dem grønnsaker (v. 16).

Siden han så Daniels tro, ga Gud ham kunnskap og intelligens i hver eneste del av literaturen og visdommen; Daniel forstod til og med alle slags syn og drømmer (v. 17). Som for hver eneste del av visdommen og forståelsen hvor kongen rådspurte ham, fant han ham ti ganger bedre enn alle tryllekunstnere og trollmenn som var i alle hans riker (v. 20).

Senere var Kong Nebukadnesar bekymret på grunn av hans drømmer og kunne ikke sove, og ingen av Kaldeanerne kunne oversette hans drøm. Men Daniel lykkes i å oversette den med Guds visdom og makt. Da forfremmet kongen Daniel og ga ham mange fine gaver, og han gjorde ham til hersker over hele Babylons område og sjefs ordensmann over alle de vise mennene fra Babylon (Daniel 2:46-48).

Det var ikke bare i Nebukadnesars herredømme at Daniel ble favorisert og fikk anerkjennelse, men også i Belsasars herredømme. Kong Besasar sendte ut en bekjentgjørelse om at Daniel hadde myndighet som den tredje herskeren i kongerike. Når Kong Besasar ble drept og Darius ble konge, da var Daniel fremdeles kongens tilhenger.

Kong Darius pekte ut 120 satrapper over kongeriket og tre embetsmenn over dem. Men siden Daniel begynte å se seg selv som en av embetsmennene og satrappene med hans utrolige ånd, hadde kongen planer om å gi ham makten over hele kongerike.

Men så begynte embetsmennene og satrappene å prøve å finne en vei de kunne anklage Daniel i forbindelse med regjerings saker; men de kunne ikke finne noe å anklage ham for eller bevis på korrupsjon, for han hadde bare vært trofast og de kunne derfor ikke finne noen forsømmelighet eller korrupsjon i ham. De planla en ond plan for å finne noe å anklage Daniel for med hensyn til Guds lov. De spurte kongen om å etablere en vedtekt og opprettholde et påbud om at alle de som begjærte noen annen gud eller menneske uten om kongen i tredve dager ville bli kastet inn i løvehulen. Og de spurte om kongen kunne etablere påbudet og skrive under på dokumentet slik at det ikke kunne bli forandret på ifølge loven til medes og perserne. Kong Darius skrev derfor under på dokumentet, det vil si, påbudet.

Når Daniel viste at dokumentet hadde blitt skrevet under, gikk han inn i huset sitt og opp i takrommet hvor han hadde alle vinduene åpne imot Jerusalem; og han fortsatte å knele ned på knærne tre ganger om dagen, ba og takket Gud, akkurat som han hadde tidligere gjort (Daniel 6:10). Daniel viste at han ville bli kastet inn i løvehulen hvis han brøt påbudet, men bestemte seg for en martyrdød og tjente til Gud alene.

Selv midt i fangeskapet i Babylon ville Daniel alltid huske på Guds ære og iherdig elske Ham ved å til og med knele helt ned på bakken, be og takke Ham tre ganger om dagen uten stopp. Han hadde en sterk tro og kompromitterte aldri med verden når han tjente Gud.

2. Daniel ble Kastet Inn i Løvehulen

De menneskene som var sjalue på Daniel ble enige og så at Daniel begjærte og påkalte til hans Gud. Da gikk de til kongen og spurte kongen om påbudet. Til slutt innså kongen at folkene ikke hadde spurt ham om å etablere påbudet på grunn av kongen selv, men på grunn av deres onde planer om å fjerne Daniel, og han ble veldig overrasket. Men siden kongen hadde skrevet under på dokumentet og kunngjort påbudet, kunne han ikke selv bare oppheve det.

Så snart kongen hørte dette, ble han dypt ulykkelig og gjorde sitt beste for å beskytte Daniel mot dem. Men embetsmennene og strappene tvunget kongen til å opprettholde påbudet, og kongen hadde derfor ikke noe annet valg.

Kongen var tvunget til å gi ordren, og Daniel ble kastet inn i løvehulen og en stein ble brakt og lagt foran åpningen på hulen. Dette var fordi ingenting kunne bli forandret på med hensyn til Daniel.

Da dro kongen som hadde favorisert Daniel tilbake til

palasset hans og fastet hele natten, og ingen brakte noen form for underholdning til ham; og hans søvnløshet gled vekk ifra ham. Kongen reiste seg opp ved morgengry, og dro hurtig til løvehulen. Det var naturligvis forventet at siden Daniel hadde blitt kastet inn i de sultne løvenes hule, at han hadde blitt spist opp av løvene, men kongen dro i all hastverk til løvehulen med den forventning at han kanskje hadde overlevd.

På den tiden var det mange forbrytere som ble kastet inn i løvehulen, så hvordan kunne Daniel ha seiret over de sultne løvene og overlevd? Kongen trodde i hans sinn at den Gud som Daniel hadde tjent kanskje hadde kunnet redde ham og gikk så bort til hulen. Kongen ropte ut med en engstelig stemme, pratet og sa til Daniel, "Daniel, tjener av den levende Gud. Har din Gud, som du hele tiden tjener kunnet redde deg ifra løvene?"

Til hans forbauselse kunne han høre Daniels stemme inne ifra løvehulen. Daniel sa til kongen, *"Lenge leve kongen! Min Gud sendte Hans engel og lukket munnen til løvene og de har derfor ikke skadet meg, like mye som jeg fikk uskyldighet ifra Ham; og også mot deg, kjære konge, har jeg ikke gjort noe galt"* (Daniel 6:21-22).

Da ble kongen veldig tilfreds og ga ordre om å ta Daniel ut av hulen. Når Daniel ble tatt ut av hulen, fandt de ikke noen merker på ham i det hele tatt. Hvor utrolig var ikke dette! Dette var den store seieren som ble fullført av Daniels tro, han som hadde stolt på Gud! Siden Daniel stolte på den levende Gud, overlevde han midt blandt de sultne løvene og avslørte Guds ære selv til hedningene.

Og kongen ga ordre om at de mennene som hadde så forferdelig anklaget Daniel, skulle bli kastet inn i løvehulene sammen med barna og konene deres, og de hadde ikke nådd bunnen av løvehulen engang før løvene fikk overmakt på dem og knuste alle bena deres (Daniel 6:24). Da skrev kongen Darius til alle menneskene, alle nasjonene og menneskene for hvert eneste språk som levde i alle landene og fikk dem til å frykte Gud og avsløre overfor dem hvem Gud var.

Kongen anerkjente overfor dem, *"Jeg ønsker dere fred og lykke! Hermed gir jeg påbud om at folket overalt i mitt rike skal ha age for Daniels Gud og skjelve for Ham. For Han er den levende Gud, Han blir til evig tid. Hans rike går ikke til grunne, Hans velde tar aldri slutt. Han frelser og utfrir, Han gjør tegn og under i himmelen og på jorden. Det var hans som frelste Daniel fra løvene"* (Daniel 6:26-27).

Hvor mektig er ikke denne seirende troen! Alt dette på grunn av at det ikke ble funnet noen synd i Daniel og han stolte fullstendig på Gud. Hvis vi spaserer i Guds ord og oppholder oss i Hans kjærlighet, vil Gud gi deg en måte å flykte på, samme hvilken situasjon du befinner deg i, og få deg til å triumfere.

3. Daniel, En Vinner Med Mye Tro

Hva slags tro hadde Daniel for at han kunne gi en slik stor ære til Gud? La oss se på den type tro som Daniel hadde slik at vi kan overvinne alle slags prøvelser og vanskeligheter og avsløre æren til den levende Gud overfor mange mennesker.

Først og fremst, kompromitterte aldri Daniel om hans tro med noe av det verdslige i det hele tatt.

Han tok seg av de verdslige affærene i landet som en av embetsmennene i Babylon, og ble godt oppmerksom på at han ville bli kastet inn i løvehulen hvis han brøt reglene. Men han fulgte aldri de menneskelige tankene og visdommen. Han var ikke redd for menneskene som hadde oppfunnet onde planer imot ham. Han knelte ned på bakken og ba til Gud akkurat som han hadde gjort tidligere. Hvis han hadde fulgt de menneskelige tankene, kunne han ha stoppet med å be til Gud eller bedt i et hemmelig rom de 30 dagene mens påbudet var gyldig. Men Daniel gjorde ingen av delene. Han søkte ikke etter om å redde sitt eget liv i det hele tatt eller om å kompromittere med verden. Han beholdt bare hans tro på grunn av hans kjærlighet for Gud.

Det vil si at det var på grunn av at han hadde hatt troen om martyrdom at, selv om han visste at dokumentet hadde blitt skrevet under, at han gikk inn i huset sitt og gikk opp til takrommet hvor vinduene imot Jerusalem var åpne. Han fortsatte med å knele ned tre ganger på dagen, be og takke Gud, akkurat som han hadde gjort tidligere.

For det andre hadde Daniel troen om å ikke stoppe bedingen.

Når han falt inn i situasjonen hvor han måtte forberede seg selv på å dø, ba han til Gud akkurat som før. Han ville ikke begå synden med å slutte å be (1. Samuel 12:23).

Bønner er ånden til våre ånder, så vi burde ikke slutte med å be. Når vi får prøvelser og vanskeligheter, da må vi be, og når vi får fred, da må vi be slik at vi ikke vil havne inn i fristelse (Lukas 22:40). Siden han aldri stoppet med å be, kunne Daniel beholde hans tro og overvinne prøvelsene.

For det tredje hadde Daniel troen hvor han alltid var takknemlig.

Mange troende fedre som det ble skrevet om i Bibelen var takknemlig overfor alt fordi de visste at det var en sannferdig tro å alltid takke i alle omstendigheter. Når Daniel ble kastet inn i løvehulen fordi han fulgte Guds lov, er dette på grunn av en triumferende tro. Selv om han hadde blitt spist av løvene, ville han bli satt inn i armene på Gud og ha levd i det evige kongerike til Gud. Samme hva utfallet var, fryktet han aldri! Hvis en person tror fullstendig på himmelen, kan han ikke være redd for døden.

Selv om Daniel ville leve i fred som hersker over kongerike etter kongen, ville dette bare være en midlertidig ære. Men hvis han beholdt hans tro og døde som en martyr, ville han bli anerkjent av Gud og opphøyd i himmelens kongerike og ville leve i den evige skinnende ære. Det er derfor han bare var takknemlig.

For det fjerde syndet Daniel aldri. Han hadde en tro hvor han fulgte og praksiserte Guds ord.

Med hensyn til regjerings saker hadde de ikke noen grunn til å anklage Daniel. Det kunne ikke bli funnet noen antydning til korrupsjon, skjødesløshet eller løgn i ham. Hvor rent hadde ikke hans liv vært!

Daniel beklaget seg aldri og bærte ikke nag til kongen som hadde gitt ordre om å kastet ham inn i løvehulen. Men han var istedenfor trofast imot kongen helt til det pungt hvor hans sa til ham, "Lenge leve kongen!" Hvis denne prøven hadde blitt gitt til ham fordi han hadde vært syndig, da kunne ikke Gud ha beskyttet ham. Men siden Daniel ikke hadde syndet, kunne han bli beskyttet av Gud.

For det femte hadde Daniel den fullstendige troen hvor han bare stolte på Gud.

Hvis vi har en ærbødig frykt for Gud, fullstendig stoler på Ham og legger alle våre affærer i hendene Hans, da vil Han løse alle slags problemer for oss. Daniel stolte fullstendig på Gud og var fullstendig avhengig av Ham. Så han kompromitterte ikke med verden, men valgte Guds lov og spurte etter Guds hjelp. Gud så Daniels tro og gjorde alt for å det gode i ham. Det ble tilføyet velsignelser på velsignelser slik at den mektige æren kunne bli gitt til Gud.

Hvis vi har den samme troen som Daniel hadde, samme hva slags prøvelser og vanskeligheter vi møter, da kan vi overvinne dem, omvende dem til tilfeller med velsignelser og være vitne til den levende Gud. Fiende djevelen streifer omkring og søker etter noen å fortære. Så vi må motstå djevelen med den sterke troen og leve i beskyttelsen av Gud ved å holde på og overholde Guds ord.

Gjennom de prøvelsene vi får og som bare varer i kort tid, vil Gud forbedre, bekrefte, styrke og etablere oss (1. Peter 5:10). Må du ha den samme troen som Daniel, alltid spasere med Gud, og lovprise Ham, i vår Herre Jesus Kristus navn jeg ber!

7. Kapittel

Gud Ordner med Ting på Forhånd

Da ropte HERRENs engel til ham fra himmelen og sa:
"Abraham, Abraham!" Og han svarte: "Ja, her er Jeg."
Da sa engelen: "Legg ikke hånd på gutten
og gjør ham ikke noe! For nå vet jeg at du frykter Gud,
siden du ikke engang sparte din egen sønn for Meg."
Da Abraham så opp,
fikk han øye på en vær som hang fast etter hornene
i et kjerr like bak ham.
Da gikk han bort og tok væren
og ofret den som brennoffer istedenfor sønnen sin.
Og Abraham kalte dette stedet "HERREN Ser."
Og den dag i dag sier de:
"På fjellet hvor HERREN lar seg se."

Første Mosebok 22:11-14

Jehova-Jireh! Hvor spennende og tilfredstillende det er å bare høre det! Det betyr at Gud forbereder alt på forhånd. I dag har mange som tror på Gud hørt og vet at Gud arbeider for, forbereder og leder oss på forhånd. Men de fleste mennesker mislykkes i å erfare Guds ord i deres troende liv.

Ordet "Jehova-Jireh" er det velsignede, rettferdige og håpfulle. Alle ønsker og lengter etter disse tingene. Hvis vi ikke innser hva dette ordet refererer til, da kan vi ikke stige inn på velsignelsens vei. Så jeg ønsker å dele med deg Abrahams tro som et eksempel på mannen som mottok velsignelsen med "Jehova-Jireh."

1. Abraham Satte Guds Ord Høyere Enn Noe Annet

Jesus sier i Markus 12:30, *"Du bør elske Herren din Gud av hele ditt hjerte, og med hele din sjel, og med hele ditt sinn, og med all din styrke."* Akkurat som det har blitt beskrevet i Første Mosebok 22:11-14, elsket Abraham Gud til en slik grad at han kunne kommunisere ansikt til ansikt med Gud, kjente til Guds vilje, og mottok velsignelsen av Jehova-Jireh. Du burde innse at det ikke bare var et tilfelle i det hele tatt at han mottok alt dette.

Abraham plaserte Gud høyere enn noe annet, og så på Hans ord som mer verdifullt enn noe annet. Så han fulgte ikke hans egne tanker og han var alltid klar for å adlyde Gud. Siden han var sannferdig overfor Gud og var selv uten noen som helst falskhet, var han forberedt dypt i hans hjerte til å motta velsignelsene.

Gud sa til Abraham i Første Mosebok 12:1-3, *"Dra bort fra ditt land og din slekt og din fars hus til det landet som Jeg vil vise deg! Jeg vil gjøre deg til et stort folk; jeg vil velsigne deg og gjøre ditt navn stort. Du skal bli til velsignelse! Jeg vil velsigne dem som velsigner deg, og forbanne den som forbanner deg. I deg skal alle slekter på jorden velsignes."*

I denne situasjonen, hvis Abraham hadde brukt menneskelige tanker, ville han ha følt seg litt opprørt når Gud befalte ham om å gå fra hans land, hans slektninger og hans fars hus. Men han satte Gud Faderen, Skaperen høyest. Ved å gjøre dette kunne han adlyde og følge Guds vilje. På samme måte kan alle adlyde Gud lykkelig hvis han virkelig elsker Gud. Dette er på grunn av at Gud får alt til å virke for det gode i ham.

Mange deler av Bibelen viser oss mange av troens fedre som så på Guds ord som det høyeste og levde ifølge Hans ord. 1. Kongeboken 19:20-21 sier, *"Da lot Elisja oksene gå og sprang etter Elias og sa, 'La meg først få kysse far og mor til avskjed, så skal jeg følge deg.' Elias svarte: 'Snu og gå hjem du! For du vet hva jeg har gjort med deg?' Da vendte Elisja seg bort fra ham. Han tok de to oksene og slaktet dem, og med åket som brensel kokte han kjøttet. Det ga han til folket, og de holdt måltid. Så reiste han seg og fulgte Elias som tjener."* Når Gud tilkaldte Elisja gjennom Elias, dro han med det samme vekk ifra alt det han hadde og begynte å følge etter Guds vilje.

Det var det samme med Jesus disipler. Når Jesus tilkalte dem, fulgte de Ham med det samme. Matteus 4:18-22 forteller oss, *"En gang Jesus gikk langs Galileasjøen, fikk Han se to brødre: Simon, som kalles Peter, og hans bror Andreas. De var i ferd med å kaste not i sjøen, for de var fiskere. Han sa til dem: 'Kom, følg Meg, så skal Jeg gjøre dere til menneskefisker!' Straks lot de garna ligge og fulgte Ham. Da Han gikk videre, fikk Han se to andre brødre: Jakob, sønn av Sebedeus, og hans bror Johannes. De satt i båten sammen med sin far Sebedeus og bøtte garna. Han kaldte dem, Og straks forlot de båten og faren og fulgte Ham."*

Det er derfor Jeg virkelig håper at dere har troen som du kan adlyde hva enn Guds vilje er, og vil ta i betraktning Guds ord som det høyeste slik at Gud kan arbeide for alt det gode i det med Hans makt.

2. Abraham Sa Alltid, "Ja!"

Ifølge Guds ord, forlot Abraham landet sitt, Haran, og dro ned til landet Kana'an. Men på grunn av at det var så mye hungersnød der, måtte han flytte til Egypt (Første Mosebok 12:10). Når han flyttet dit kalte hans sin kone hans 'søster' for at han ikke skulle bli myrdet. På grunn av dette sa noen at de bedro folkene rundt ham når han fortalte dem at hun var hans søster fordi han var redd og var en feiging. Men i virkeligheten løy han ikke til dem, men bare brukte hans menneskelige tankegang. Det er bevist at når han ble befalt om å forlate hans land, forlot han uten å frykte. Så det er ikke sant at han bedro dem på grunn av at han var en feiging når han fortalte dem at hun var hans søster. Han gjorde det, ikke bare på grunn av at han trodde det var bedre å kalle henne 'søster' enn 'kone.'

Mens han var i Egypt, ble Abraham rafinert av Gud slik at han kunne stole fullstendig på Gud med en perfekt tro uten å følge den menneskelige visdommen og tanken. Han var alltid klar til å adlyde, men det var kjødelige tanker igjen i ham som ennå ikke hadde blitt kastet bort. Gjennom denne prøvelsen tillot Gud at Farao i Egypt skulle behandle ham godt. Gud ga Abraham mange velsignelser inkludert sauer og okser og geiter og mannlige og kvinnelige tjenere og hungeiter og kameler.

Dette viser oss at hvis vi får prøvelser på grunn av at vi ikke adlyder, da må vi lide av vanskelighetene, men hvis prøvelsene kom på grunn av kjødelige tanker som vi ikke ennå har kastet bort, selv om vi er lydige, vil Gud gjøre alt for å arbeide for det gode.

Denne prøvelsen gjorde det mulig for ham å bare si "Amen" og å adlyde alt, og etterpå befalte Gud ham om å offre hans eneste sønn Isak som en brennende offring. Første Mosebok 22:1 sier, *"Nå begynte det etter at Gud hadde testet Abraham, og Han sa til ham, 'Abraham!' Og han svarte: 'Her er Jeg.'"*

Når Isak ble født, var Abraham et hundre år gammel og hans kone, Sara, var nitten år gammel. Men for foreldrene var det fullstendig umulig å få et barn uten Guds nåde og løfte, og de fikk en sønn og han ble mer verdifull for dem enn noe annet. I tillegg var han et frø av Guds løfte. Det er derfor han var så forbauset når Gud befalte ham om å offre hans eneste sønn som et brennende offer akkurat som om han hadde vært et dyr. Det var utenom noe menneskes fantasi.

Men siden Abraham hadde tro på at Gud ville vekke opp hans sønn ifra de døde, kunne han adlyde Guds befaling (Hebreerne 11:17-19). På den annen side, hadde han troen som fikk ham til å offre hans eneste sønn som et brennende offer bare på grunn av at hans kjødelige tanker hadde blitt ødelagt.

Gud så denne troen til Abraham og gjorde istand en bukk som brenningsoffer, slik at Abraham ikke ville strekke ut hånden hans imot sønnen hans. Abraham fant en bukk som hadde blitt fanget i buskaset av hans horn og tok bukken og offret den som et brennende offer i stedet for hans sønn. Og han kalte dette stedet 'HERREN Vil Skaffe.'

Gud lovpriste Abraham for hans tro, og sa i 1. Mosebok 22:12, *"For nå vet jeg at du frykter Gud, siden du ikke engang sparte din egen sønn for Meg,"* og ga ham et utrolig løfte om velsignelse i versene 17-18, *"Selvfølgelig vil jeg velsigne deg høyt, og Jeg vil flerdoble dine frø som himmelens stjerner og som sanden som er ved sjøkanten; og dine frø skal ha porten til fiendene deres. I dine frø skal alle nasjonene i verden bli velsignet, fordi du har adlødet Min stemme."*

Selvom din tro ikke har nådd nivået til Abraham, vil du noen ganger kunne erfare velsignelsen av 'HERREN Vil Skaffe.' Når du var akkurat ved å gjøre noe, fant du ut at Gud allerede hadde forberedt for det. Det var mulig fordi du hadde et hjerte som lignet Gud på dette tidspunktet. Hvis du kan ha den samme troen som Abraham hadde og fullstendig adlyde Gud, vil du kunne leve i velsignelsen 'HERREN Vil Skaffe' overalt og til enhver tid; hva for et utrolig liv i Kristus!

For at du kan motta velsignelsen av Jehova-Jireh, 'HERREN Vil Skaffe,' må du si "Amen" til alle Guds befalinger, og bare spasere ifølge Guds vilje uten å insistere på dine egne tanker i det hele tatt. Du må få denne anerkjennelsen ifra Gud. Det er derfor Gud forteller oss klart og tydelig at det er bedre å adlyde enn å offre (1. Samuel 15:23).

Jesus eksisterte i Guds dannelse, men Han regnet ikke med at Han kunne komme på samme høyde som Gud. Han tømte Seg Selv, ble som en slave og liknet et menneske. Og Han ydmykte Seg Selv og holdt seg lydig helt til Han døde (Filipperne 2:6-8). Og i henhold til Hans fullstendige lydighet, sier 2. Korinterne 1:19-20, *"For Guds Sønn, Jesus Kristus, som vi har forkynt for dere, jeg, Silvanus og Timoteus, han var ikke ja og nei; i ham er det bare ja. For i Ham har alle Guds løfter fått sitt ja. Derfor sier vi også ved Ham vårt amen, til Guds ære."*

Som Guds eneste Sønn bare sa "Ja," må vi uten tvil si "Amen" til ethvert ord ifra Gud og lovprise Ham ved å motta velsignelsen 'HERREN Vil Skaffe.'

3. Abraham Strebet Etter Fred og Hellighet i Alt

Siden han satte Guds ord høyere enn noe annet, og elsket Ham mere enn noe annet, sa bare Abraham "Amen" til Guds ord og adlød det fullstendig, slik at han kunne glede Gud.

I tillegg ble han fullstendig frelst og søkte alltid etter fred med alle rundt ham, slik at han kunne få anerkjennelse ifra Gud.

I Første Mosebok 13:8-9, sa han til hans nevø Lot, *"La det vennligst ikke bli noen kamp mellom meg og deg, og heller ikke mellom mine hyrder og dine hyrder, for vi er brødre. Ligger ikke hele landet foran deg? Vennligst adskill deg ifra meg; hvis du går til venstre, vil jeg gå til høyre; eller hvis du går til høyre, vil jeg gå til venstre."*

Han var eldre enn Lot, men han ga Lot valget om landet for å få fred og offret seg selv. Det var på grunn av at han ikke søkte etter hans eget gagn, men etter andres i hans åndelige kjærlighet. På samme måte er det hvis du lever i sannheten. Du burde verken krangle eller skryte av deg selv for å kunne holde fred med alle.

I Første Mosebok 14:12, 16 finner vi ut av at når Abraham hørte at hans nevø Lot hadde blitt tatt til fange, dro han ut ført av hans trente folk, som var født i huset hans, trehundreogatten, og han dro på jakt og brakte tilbake alle eiendelene, og brakte også tilbake hans slektning Lot med hans eiendeler, og kvinnene, og de andre menneskene. Og fordi han var fullstendig oppriktig og gikk den riktige veien, ga han Melkisedek, Salems konge, en tiendedel av all fortjenesten som de skyldte Ham, og ga resten til kong Sodom og sa *"Jeg vil ikke ta en tråd eller sandalreim eller noe annet som du eier, og på grunn av frykt sier du kanskje, 'Jeg har gjort Abraham rik'"* (v. 23). Abraham var derfor ikke bare på jakt etter lykke i hver eneste hendelse, men han spaserte også på en uklanderlig og oppriktig måte.

Hebreerne 12:14 sier, *"Søk etter fred med alle mennesker, og rensing uten at noen kan se Herren."* Jeg anbefaler deg ivrig om å innse at Abraham kunne motta velsignelsen av Jehova Jireh, 'HERREN Vil Skaffe,' fordi han søkte etter å få fred med alle mennesker og ble fullstendig frelst. Jeg ber deg også om å bli den samme slags personen som Han er.

4. Å Tro På Makten til Gud Skaperen

For å kunne motta velsignelsen 'HERREN Vil Skaffe,' må vi tro på Guds makt. Hebreerne 11:17-19 forteller oss, *"I tro bar Abraham fram Isak som offer da han ble satt på prøve. Sin eneste sønn var han villig til å offre, enda han hadde fått løftene og dette var blitt sagt til ham: 'Gjennom Isak skal du få en ætt som kalles din.' Han regnet med at Gud har makt også til å vekke opp døde. Derfor fikk han sønnen tilbake – i dette ligger et forbilde."* Abraham trodde på at Gud Skaperens makt kunne gjøre alt mulig, så han kunne adlyde Gud uten å følge noen som helst slags kjødelige og menneskelige tanker.

Hva ville du gjøre hvis Gud befalte deg om å offre din eneste sønn som et brennende offer? Hvis du tror på Guds makt hvor ingenting er umulig, samme hvor ubehagelig det er, vil du kunne adlyde det. Da vil du motta velsignelsen 'HERREN Vil Anskaffe.'

Akkurat som Guds makt er grenseløs, forbereder Han ting i forveien, utfører, og gir oss tilbake med velsignelser hvis vi fullstendig adlyder uten å ha noen kjødelige tanker i det hele tatt akkurat som Abraham. Hvis vi har noe vi elsker mer enn Gud eller sier "Amen" bare ved de tingene som stemmer med våre tanker og teorier, da kan vi aldri motta velsignelsen 'HERREN Vil Skaffe.'

Akkurat som det ble sagt i 2. Korinterne 10:5, *"Vi river ned tankebygninger og alt stort og stolt som reiser seg mot kunnskapen om Gud. Vi tar hver tanke til fange under lydigheten mot Kristus,"* for å motta og erfare velsignelsen 'HERREN Vil Skaffe,' da må vi kaste vekk hver eneste menneskelige tanke og få åndelig tro hvor vi kan si "Amen." Hvis Moses ikke hadde hatt en åndelig tro, hvordan kunne han så ha delt Røde havet i to? Uten en åndelig tro, hvordan kunne Josva ha ødelagt byen Jeriko?

Hvis du bare adlyder tingene som stemmer med dine egne

tanker og kunnskap, kan dette ikke bli kalt åndelig lydighet. Gud skaper noe ut a ingenting, så hvordan er Hans makt det samme som styrken og kunnskapen til menneskene som lager noe ut av ingenting?

Matteus 5:39-44 sier følgende: *"Men Jeg sier dere: Sett dere ikke til motverge mot den som gjør ondt mot dere. Om noen slår deg på høyre kinn, så vend også det andre til. Vil noen saksøke deg og ta skjorten din, så la ham få kappen også. Om noen tvinger deg til å følge med en mil, så gå to med ham. Gi til den som ber deg, og vend ikke ryggen til den som vil låne av deg. Dere har hørt det er sagt: 'Du skal elske din neste og hate din fiende.' Men Jeg sier dere: Elsk deres fiender, velsign dem som forbanner dere, gjør godt mot dem som hater dere."*

Hvor forskjellig er ikke dette ordet ifra Gud ifra våre egne tanker og kunnskap? Det er derfor jeg anbefaler dere å huske på at hvis du prøver å si "Amen" bare til det som stemmer med dine tanker, da kan du ikke fullføre Guds kongerike og motta velsignelsen med Jehova-Jireh, 'HERREN Vil Skaffe.'

Selv om du tilstår at du tror på den allmektige Gud, har du noen gang hatt problemer, vært bekymret, og engstelig når du har møtt problemer? Da kan dette ikke bli sett på som en virkelig tro. Hvis du har en virkelig tro, da må du stole på Guds makt og legge alle dine problemer i Hans hender med glede og takknemlighet.

Må dere alle se på Gud som den høyeste, være lydige nok til å bare si "Amen" til alle Guds ord, søke etter fred med alle mennesker i hellighet, og tro på Guds makt som kan vekke de døde, slik at du kan motta og nyte velsignelsen 'HERREN Vil Skaffe,' i vår Herre Jesus Kristus navn jeg ber!

Forfatteren:
Dr. Jaerock Lee

Dr. Jaerock Lee var født i Muan, Jeonnam Provinsen, Republikken i Korea, i 1943. I tjueårene led Dr. Lee i sju år av mange forskjellige uhelbredelige sykdommer og ventet bare på å dø uten noe som helst håp om å bli bedre. Men en dag på våren 1974 ble han imidlertidig ført til kirken av hans søster, og når han knelte ned for å be, helbredet Gud alle hans sykdommer ham med det samme.

Fra dette øyeblikket hvor han hadde møtt den levende Gud gjennom denne vidunderlige erfaringen, har Dr. Lee elsket Gud med hele sitt hjerte og med all oppriktighet, og i 1978 ble han utpekt som Guds tjener. Han ba iherdig gjennom uttalige fastende bønner slik at han klart og tydelig kunne forstå Guds vilje, fullstendig fullføre den og adlyde Guds Ord. I 1982 startet han Manmin Sentral Kirken i Seoul, Korea, og her har det skjedd mangfoldige mirakuløse helbredelser, tegn og under.

I 1986 ble Dr. Lee presteviet ved den Årlige Forsamlingen til Jesus' Sungkyul Kirken i Korea, og fire år senere i 1990, begynte de å kringkaste gudstjenestene i Australia, Russland, og på Filippinene. Innen kort tid nådde de mange flere land gjennom Den Fjerne Østens Kringkastingsfirma, Asias Kringkastingsstasjon, og Washingtons Kristelige Radio System.

Tre år senere i 1993, ble Manmin Kirken valgt som en av "Verdens 50 Beste Kirker" av magasinet *'Christian World'* (US) og han mottok en Æret Guddommelig Doktorgrad fra 'Christian Faith College' i Florida, USA, og i 1996 fikk han en Doktorgrad i filosofi fra Menigheten fra 'Kingsway Theological Seminary' i Iowa, USA.

Siden 1993 har Dr. Lee vært i spissen av verdens evangelisering gjennom mange utenlandske kampanjer i Tansania, Argentina, L.A., Baltimore, Hawaii, og New York City i USA, Uganda, Japan, Pakistan, Kenya, og Filippinene, Honduras, India, Russland, Tyskland, Peru, Den Demokratiske Republikk i Kongo, Israel og Estonia.

I 2002 ble han kaldt "verdens vekkelsespredikant" av store Kristelige aviser i Korea for hans mektige menigheter i de forskjellige utenlandske kampanjene. Hans New York Kampanje i 2006' som ble holdt i Madison

Square Garden, som er den mest berømte arenaen i verden, var veldig spesiell. Begivenheten ble kringkastet til 220 nasjoner, og i hans 'Israelske Samlede Kampanje i 2009' som ble holdt i det Internasjonale Konferanse Senteret i Jerusalem, proklamerte han modig at Jesus Kristus er Messias og Frelseren.

Hans gudstjeneste er kringkastet til 176 nasjoner via satelitter inkludert GCN TV og han ble satt som en av de 10 Mest Inflytelsesrike Kristelige Ledere i 2009 og 2010 av det Russiske populære Kristelige bladet *In Victory* og det nye firma *Christian Telegraph* for hans mektige TV kringkatings menighet og utenlandske kirkemenigheter.

Fra og med Juni 2017, har Manmin Sentral Kirke en menighet på mer enn 120,000 medlemmer. Det finnes 11,000 søster kirker rundt omkring i verden inkludert 56 kirker innenlands, og opp til nå har mer enn 102 misjonærer blitt sendt til 23 land, inkludert United States, Russland, Tyskland, Canada, Japan, Kina, Frankrike, Kenya, og mange flere.

Opp til datoen av denne utgivelsen har Dr. Lee skrevet 108 bøker, inkludert bestselgerene *Å Smake på Det Evige Livet Før Døden, Mitt Liv Min Tro I & II, Korsets Budskap, Troens Målestokk, Himmelen I & II, Helvete, Våkn Opp Israel,* og *Guds Makt*. Hans' arbeidet har blitt oversatt til mer enn 76 språk.

Hans Kristelige spalter står skrevet i *The Hankook Ilbo, The JoongAng Daily, The Chosun Ilbo, The Dong-A Ilbo, The Seoul Shinnum, The Hankyoreh Shinmun, The Kyunghyang Shinnum, The Korea Economic Daily, The Shisa News,* og *The Christian Press*.

Dr. Lee er for tiden lederen av mange misjonærorganisasjoner og forbund. Stillinger inkluderer: Formann, The United Holiness Church of Jesus Christ; Bestående President, The World Christianity Revival Mission Association; Grunnlegger & Viseformann, Global Christian Network (GCN); Grunnlegger & Viseformann, World Christian Doctors Network (WCDN); og Grunnlegger & Viseformann, Manmin International Seminary (MIS).

Andre prektige bøker fra den samme forfatteren

Himmelen I & II

Et detaljert utdrag av de forferdelig flotte omgivelsene som de himmelske innbyggerne nyter og vakker beskrivelse om forskjellige nivåer av de himmelske kongerikene.

Korsets Budskap

Et mektig og oppvekkende budskap for alle menneskene som sover åndelig! I denne boken vil du finne grunnen til at Jesus er den eneste Frelseren og Guds virkelige kjærlighet.

Helvete

Et oppriktig budskap til alle mennesker ifra Gud, som ikke ønsker at en eneste sjel skal falle inn i dypet av helvete! Du vil oppleve en beretning som aldri før har blitt avslørt om den grusomme virkeligheten til det Lavere Dødsrike og helvete.

Ånd, Sjel og Kropp I & II

En reisehåndbok som gir oss åndelig forståelse angående ånden, sjelen, og kroppen, og som hjelper oss å finne hva slags 'ego' vi har laget, slik at vi kan få makten til å seire over mørket og bli et åndelig menneske.

Troens Målestokk

Hva slags oppholdssted, kroner og belønninger blir forberedt for deg i himmelen? Denne boken gir deg visdom og veiledning slik at du kan måle din tro og kultivere den beste og mest modne troen.

Våkn Opp Israel

Hvorfor har Gud holdt øye med Israel helt fra verdens begynnelse og til denne dagen? Hva slags forsyn har Han forberedt for Israel de siste dagene, de som venter på Messias?

Mitt Liv, Min Tro I & II

Den vakreste åndelige duften fra livet som blomstret sammen med en uforlignelig kjærlighet for Gud, midt i de mørke bølgene, kalde åkene og de dypeste fortvilelsene.

Guds Makt

Dette er noe som en må lese og som gir oss en nødvendig veiledning hvor en kan ha sann tro og erfare Guds vidunderlige makt.

www.urimbooks.com

www.ingramcontent.com/pod-product-compliance
Lightning Source LLC
LaVergne TN
LVHW092054060526
838201LV00047B/1379